易学のしおり

都志博之

はじめに

皆様は、「易経」についてご存知でしょうか？　私の身近な人に訊ねてみてもたいがい知らないという返答で、逆に「なにかの宗教ですか？」と怪訝な顔をされるのが落ちです。せめて「占いの一種ですか？」と答えてくれた人もいますが、それはそれで自分のことを胡散臭い人物のように思われたふしがあります。

易経はけっして宗教ではありません。今から三千年以上昔、中国で成立した最古の哲学書であり、占筮の書です。孔子の生誕は紀元前五五二年、釈迦は紀元前四六三年ということを考えると、易経はさらに五百年遡ります。この時点ですでに人類は、繁栄と滅亡のサイクルを幾度かくり返してきたのでしょうか？　その結実として易経という最高の叡智を手に入れた、そうとしか説明できない人知を超えた深淵な思想と、森羅万象の鋭い観察や洞察を抜きにして易経は成り立ちません。

易経についての文献や書籍は、その長い歴史と相まって汗牛充棟と言われます。山ほどあるということです。その時代の思潮や世相を反映して、様々な人々の手によって易経は解釈され注釈を施されてきました。その時代の解釈や注釈を見れば、その時代が分かるという、易経は時代を映す鏡でもあります。前漢時代は占筮を中心にした解釈、魏晋時代の王弼は老荘思想による解釈、宋の時代は朱熹、程伊川（ていいせん）による仏教、道教、儒教を統合した認識論的な解釈。時代が錯誤しますが、日本では最古の書物「古事記」や、聖徳太子の十七条憲法にも易経の思想が採り入れられていたという説もあり、飛鳥時代には政治機関の一つとして陰陽寮が設置され、そこで易経や暦、陰陽五行等が研究されていました。

　また中国でも日本でも戦国時代には軍師が易占を立て戦況を占ったという記述が多く残っています。徳川家康もその一人で、彼は幼い頃から易経を学び、天下を獲ると「四書五経（四書『論語、孟子、大学、中庸』、五経『春秋、礼記、易経、詩経、書経』）」の朱子学をもって国家の安定を図ろうとしました。朱子とは先の宋の朱熹のことです。朱子学は官学の中心となり、その後陽明学や古学へと派生していきました。江戸時代の半ばになると、庶民にも学問への機運が高まり、寺子屋などで読み書きを学ぶ子どもが増えました。その当時の日本人の識字率は世界でもトップクラスであったと言われています。新井白蛾や真勢中州といった易占家が活躍したのもちょうどその頃です。やがて日本は幕末を迎え、明治維新へとつながっていきますが、日本人の原動力の源は、四書五経を学んだ[※]儒教精神にあったとさえいわれます。

　明治維新後は急速に西欧化が進み現在もその途上にあるものか、その間東洋思想はほとんど顧みられなくなりました。また第二次世界大戦を経て、確かに生活スタイルや思考の在り方については欧米に近付いてきたようにおもえます。しかし私個人としてアイデンティティの在り方については、やはり西欧人と東洋人とでは大きな違いがあるように思えてなりません。明治維新よりわずか百五十年、それ以前に我々の祖先が培ってきた文化や思想は、我々が気付いていないだけで、いまも生活の中でしっかりと息づいています。私自身、易経を勉強し始めたのが四十を過ぎてからですが、易経を学べば学ぶほどそのことを実感しています。そして心の拠り所を得たかのように、自然に気持ちが楽になってきました。易経のおかげで生きやすくなったのです。

『易経』という書物を一言で譬えると、まさしく「火の鳥」です。その時代時代の先人たちに新しい息吹を吹き込まれ、また新しく再生し、けっして滅びることも廃れることもありません、またいつの時代でも新しく蘇るのです。もし衰退しているのだとしたら、その時代の人間が衰退していることへの反証です。易経は世の中を映す鏡に他ならないからです。

平成三〇年二月四日

著者

※日本の儒学と中国の儒学は、その環境や文化が違うようにその国の特色を反映した、その国オリジナルな儒教解釈になっています。日本は古来の八百万信仰から、儒教や神仏信仰などが融合し、さらに武士道などが加わったわが国独自の儒教精神、そのことを指しています。

目次

易学のしおり

第一章　易経の成立について

一、64卦画

(1) (2) (3) (4) (5) (6) (7) (8)

(9) (10) (11) (12) (13) (14) (15) (16)

(17) (18) (19) (20) (21) (22) (23) (24)

(25) (26) (27) (28) (29) (30) (31) (32)

(33) (34) (35) (36) (37) (38) (39) (40)

(41) (42) (43) (44) (45) (46) (47) (48)

(49) (50) (51) (52) (53) (54) (55) (56)

(57) (58) (59) (60) (61) (62) (63) (64)

この図を見て、ファースト・インプレッション！　皆様は何を連想なされるでしょうか？　横棒は、一つ一つ陽（よう）⚊陰（いん）⚋とから成っています（文中では陽⚊陰⚋の表記にいたします）。すなわち陽と陰が上下に入り交（ま）じって6つ重なったものが、上記の（1）〜（64）の卦（か）になります。卦（か）はケとも呼びます。相撲の「八卦（はっけ）よい」の八卦（はっけ）も、占いの「当たるも八卦（はっけ）、当たらぬも八卦（はっけ）」もこの陰陽からの言葉です。八卦（はっか）についてはまた後述します。

この64卦を見て、ライプニッツ（1646―1716）というドイツの哲学者は、自ら編み出した二進法の計算術をそこに見出したといわれています。陽⚊1、陰⚋0に置き換えると、例えば䷿（64）では下から始めて、010101と二進法の表記ができるということです。また二進法は我々の時代にも核心的な部分を担っています。コンピューターのデータはすべて二進法に変換されて行われています。

他には、遺伝子の遺伝暗号として読み解いた人もいます。DNAの螺旋（らせん）階段の踏み段に使われている塩基は、アデニン、チミン、グアニン、シトシンの四種類で、それぞれの頭文字を取って、A、T、G、Cと呼ばれています。ATGCは3つの組み合わせで遺伝暗号は64通りあるそうです。A⚍T⚌G⚎C⚏と陰陽を当てはめ、もしTCGならば、⚌⚏⚎という卦画になり、すべて64卦画（かかく）になります。

また心理学者のグスタフ・ユング（1875－1961）は、一時期易経の信奉者となり、易経の卦でもってクライアントを診察していました。共時性（偶然の一致）の発見や、集合的無意識など、人間の深層心理の世界に蠢いている不確かな影を、もしかしたら64卦の中に索めていたのかもしれません。形而上、形而下という言葉は、易経からの言葉です。

ちなみに英語圏ではこの図のことをヘキサグラム（六芒星✡）と訳されています。六芒星は3画の△、▽が二つに重なり、64卦はどれも上、下に分けると3画ずつ重なっており、同じ6画から成るからかもしれません。六芒星はタロットに、卦は九星に結び付き、占術的に使用されていることも似ています。

皆様のファーストインプレッションは、何だったでしょうか？　一人一人違ったイメージで色々と想像されるのがいいとおもいます。けっして正解などありませんから。あなたがこれから易経を読み解いていく、これが最初の糸口になるとおもいます。

先に挙げた二進法、遺伝子、深層心理と、何か共通したイメージのようなものがあるとしたら、根源的で原初的なイメージのようなものではないでしょうか。映画「2001年宇宙の旅」（1968年公開）に、人類の誕生（進化）の象徴として登場する、黒い石板のような謎の物体「モノリス」には、まさに64卦画が描かれていたような気がしてなりません、宇宙創造の謎を解くための……。

二、易経の命名と、その由来

五経は、「易経」「書経」「詩経」「礼記」「春秋」。なぜか易経の「易」だけが、他の名称とは異質な感じで、抽象的におもえるのは私だけでしょうか。ほかの経名は、なんとなく字義から分かりますが、ただ易経の易だけが、何について書かれているのか、さっぱり見当もつきません。他の経典とはおそらく出処（でどころ）が違っていたようにおもいます。

易という漢字は、「説文解字」（許慎（きょしん）〈５８?―１４７?〉によってＡＣ１００年にできた最古の部首別漢字字典）によると、トカゲ、イモリ、ヤモリの象形ということです。またカメレオンは、十二時蟲（ちゅう）と呼ばれて、十二時に随って色を変えるので、易名の由来をカメレオンに取る説もあります。易経は、英語で「book of changes（変化の書）」と訳されています。他には、日と月を合わせたら易という文字になり、それは陰陽を象（かたど）っているという説。また日が雲間から光を射すさまと載っている辞書もあります。古代の自然環境は、今の我々が思うような自然ではなく、絶えず人間の生活を脅かし圧倒して、なおかつ人間に限りない恩恵を与えてくれる、偉大な畏怖すべき自然であったことでしょう。澄みわたった夜空は満天の星で、星が落ちてきたらどうしようと杞憂してしまうぐらいキレイだったはずです。空には最高の主宰者、天帝が住まわれており、人間の道徳の如何によって賞罰をお下しになるという敬天思想、天人感応説は、古代中国における根本思想の一つでした。今でさえ雨後に、雲間から地上に放射状に射し染める光の帯を見ますと、私などは天使の舞いをおもい、何か天からの人への啓示のようなものを感じてしまいます。

さいきん新聞記事で知ったのですが、イモリだけは足、目、あご、心臓、脳まで途中で損傷しても再生することができるそうです。他の両生類は大人になる過程で再生能力を失うが、イモリは一生能力を持ち続けられるそうです。自然をよく観察していた古代の人々は、イモリの生態にも詳しかったはずです。いくら損傷しても再生するイモリの生命力は、古代の人々にとって脅威であり羨望であり、なにより神聖視されたはずです。当時の人々は病気や怪我、あるいは戦争や刑罰などで、五体を損傷している人は意外に多かったのではないでしょうか。そう思うとなおさらです。イモリの復元能力は、変化し、また元に返るという易の思想も含んでいます。易という漢字は、カメレオンの変化やイモリの生命力の強さを内包した象形のようにおもいます。

経という漢字は、織物のたて糸のことを言います。緯は、よこ糸のことです。経と緯によって美しい文(あや)の立派な織物を仕上げていくこと。中国では絹の織物はすでに新石器時代から行われていたそうです。機織り(はたお)に際して、たて糸が基準になり、よこ糸はたて糸よりも粗いそうです。経書に対して、緯書というものがありますが、経書をまねて作った未来の吉凶禍福などを占う予言の書のことです。経書に対する補足のような意味があります。漢代（前漢ＢＣ２０６－ＡＣ８　後漢ＡＣ２５－ＡＣ２２０）の頃に経書、緯書ともに隆盛しました。前漢の武帝（在位ＢＣ１４１－ＢＣ８７）は董仲舒（とうちゅうじょ）（ＢＣ１７６？－ＢＣ１０４？）の献策を受け、儒教を国教に採用し整備しました。「書経」「詩経」「礼記」に、「易経」と「春秋」が加わり、それを教える五経博士が立てられました。経書は、官吏登用試験の必須科目となり、それ以降中国は二千年にわたり儒教を中心とした官吏国家を形成していきました。

ところで、『易経』は漢以前には『周易』、あるいはただ『易』と呼ばれていました。易経と呼ばれるようになったのは、もっと後の宋（９６０－１２７９）の時代になってからのことです。易が儒教の聖典として権威づけられ、解釈されてゆく中で易経と呼ばれるようになったものと思われます。なおこの著では、その時々にあわせてその三つの呼び名を併用します。

三、易の起源と八卦の成り立ち

易の起源について考究することは、宇宙や生命の誕生についての物理学の見解によく似ています。まず人間を含め生物は雄(おす)と雌(めす)から生まれてきたと仮定すると、ほったんは雌雄二つが存在していたことになる、それではその二つはどこから来たのかとなると、だれも答えることはできません。『旧約聖書』の「創世記」では女は男のあばら骨から作られたと記されています。易ではその初めを「〇」で表わし、太極(たいきょく)と呼んでいます。まだ天や地や、男も女も未分の渾然一体となった混沌(カオス)の状態、それが太極です。

物理学では宇宙の始まりは、ビックバンからだと言われています。宇は無限の広がりの空間、宙は過去現在未来、永劫の時間をさします。宇宙は、今から約百三十七億年前、隣りあう銀河間の距離がゼロだったそうです。ようは宇宙全体の半径が0の球のように、大きさがゼロのある一点に押しつぶされていたのです。その時宇宙の密度と時空のゆがみは無限であり、その瞬間にビックバンが起こったのです。その振り幅は1です。0と1の振り幅のなかに世界や宇宙、森羅万象が存在すると仮定すると、第二章以降の話が分かりやすくなります。ビックバン後に時間が生まれました。今の物理学の理論ではビックバン以前については記述できないそうです。易では、太極から ⚋ 陰 ⚊ 陽二つに分かれ両儀が生じ、また両義の上に又陰陽が生じて、⚌太陽⚍少陰⚎少陽⚏太陰　四象が生じと説かれています。まさに四象から上下の時間、各々の位が生まれたと読み解かれます。易では、四象以前の両義の時点がビックバンに相当することになります。⚊（天）と⚋（地）の創造です。

さらに四象の一象ごとに一奇（奇数⚊）と一偶（偶数⚋）と生じて三画となると、

☰（乾一）☱（兌二）　太陽の上に一奇一偶を生じて、乾の卦、兌の卦二つになる。

☲（離三）☳（震四）　少陰の上に一奇一偶を生じて、離の卦、震の卦二つになる。

☴（巽五）☵（坎六）　少陽の上に一奇一偶を生じて、巽の卦、坎の卦二つになる。

☶（艮七）☷（坤八）　太陰の上に一奇一偶を生じて、艮の卦、坤の卦二つになる。

この八卦を小成の卦と言います。画の基本を成すものです。卦名の下の数字は位の順番です。先の「当たるも八卦当たらぬも八卦」の八卦です。この八卦をさいしょに作ったのは、中国の伝説の帝王伏羲氏と言われています。

伏羲氏は、蛇身人首の中国の伝説の帝王です。生まれた年も定かではありません。中国では時代が下れば下るほど、歴史が遡るといわれています。時の天子が自己の権威づけのために先の天子よりも起源を古くに求めるからです。そうした経緯から神話伝説として伏義、神農、黄帝、金天、顓頊（せんぎょく）などの五帝が生まれました。伏羲氏は、他の呼び名では宓羲・庖犠・包犠・伏戯などがあります。犠は牲（いけにえ）を意味しており、伏羲氏は為政者として祭壇を築き、天帝に牲を捧げていたのでしょう。中国古来の祭祀として、社稷（しゃしょく）（社は土地の神、稷は穀物の神。社稷はやがて国家の代名詞ともなる）、郊社（天子が冬至の日に天をまつり、夏至の日に地をまつる祭り）、宗廟（祖先の祭り）の三大祭祀があります。時の為政者にとってこれらの祭祀を主催することは国家的に重要な任務でした。伏羲氏の頃に祭祀として確立されていたかどうかは分かりませんが、伏義という名前が創出された頃にはそうした祭祀の萌芽があったようにおもいます。

また蛇身人首という異形な容姿は、その当時農耕が行われていたことが伺えます。古代人にとって蛇は神様のように崇高な存在でした。農耕技術や、それに伴うあらゆる知識のいまだ乏しい時代、やっとの思いで収穫した穀物（命の糧）が、鼠などの害獣に食い荒らされることは日常的なことでした。害獣のネズミを一飲みにしてくれる蛇、また噛まれると死に至る毒をもつ蛇、脱皮する姿は死と再生を連想させるなど、古より蛇は「生と死の象徴」「豊穣の象徴」「神の使い」などとして世界各地で崇められてきました。まさに蛇身の伏羲氏は古代人の崇敬の対象だったのです。

易経の解説書である繋辞下伝に、「伏義氏の天下に王たりしや、仰いでは則ち象を天に観、俯いては則ち法を地に観、鳥獣の文（模様や生態）と地の宜とを観て、近くは諸を身に取り、遠くは諸を物に取る。是に於いて初めて八卦を作り、以て神明の徳に通じ、以て万物の情に類す。」と書かれています。

八卦の成り立ちを分かりやすく図式化すると、左図になります。（左図は、公田連太郎氏〈1874—1963〉『易経講話』〈明徳出版社　一九五九年〉の付録　しおりの図版からです。）

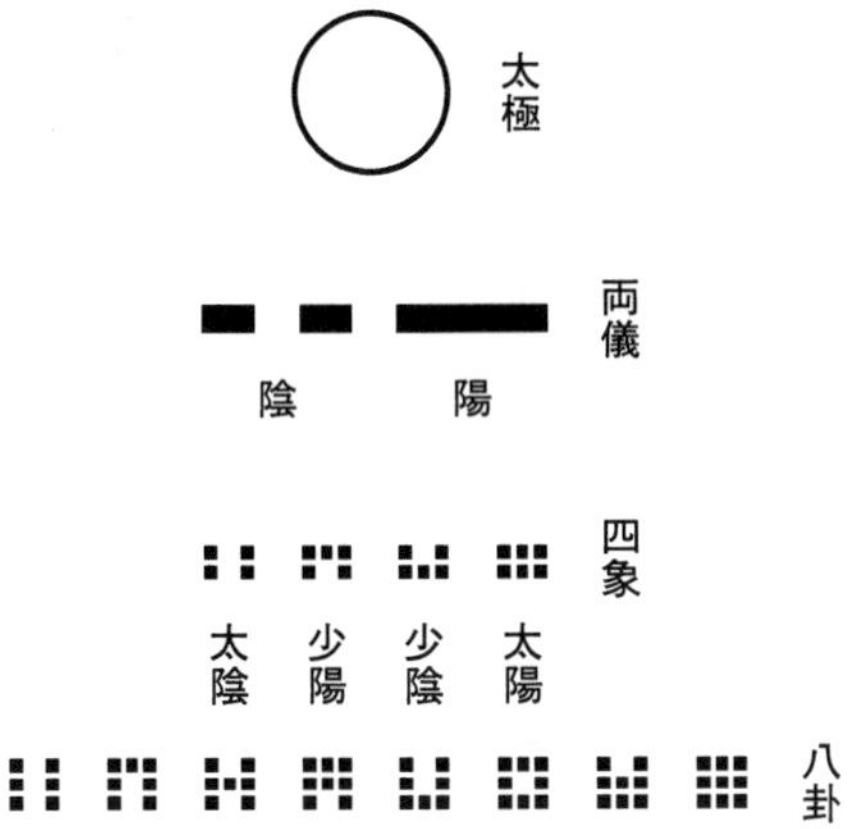

太極　○

両儀　陽 ⚊　陰 ⚋

四象　太陽 ⚌　少陰 ⚍　少陽 ⚎　太陰 ⚏

八卦	性質	象	家族	性能
☰	乾	天	父	健也
☱	兌	沢	少女	説也
☲	離	火	中女	麗也
☳	震	雷	長男	動也
☴	巽	風	長女	入也
☵	坎	水	中男	陥也
☶	艮	山	少男	止也
☷	坤	地	母	順也

四、八卦について

三節まで書きあげたところで、私の筆は進まなくなりました。そうした説明なら他の書物に十分過ぎるほど書かれているので、それ以上私が説明していくと冗漫になりかねません。そこで先に第三章、第二章の順で筆を進めることにしました。そのおかげで私が理解できたことは、従来なら三節で説明したように太極→両儀→四象→八卦→六十四卦（第二章　伏義六十四卦次序図参照）と発展してきたように書かれていますが、私はこの発展の仕方は、もともと冒頭の64卦画がさいしょにあり、その64卦画を理解していく上で、三節の図のように八卦に分けられ、その後性質、象、家族、性能などが加味されていったのではないかと推測するようになったことです。易（64卦画）は古来より中国人の最高の叡智で読み解かれ、発展してきた書物です。易の解説書である象伝は「大象」と「小象」があり、大象は六爻を上下の三爻ずつに分けて、八卦の象徴する天、沢、火などの組み合わせで、卦を読み解こうとしたものです。この大象からも爻が一爻ずつ積み重なって八卦となり、六十四卦になったのではなく、もともと64卦画がはじめに存在していた裏づけのようにおもいます。

冒頭の64卦画、第三章のライフゲームについては、八卦の数値が必要となりますので、ここで解説します。八卦には数値が配当されています。

陽爻⚊を3とし陰爻⚋は間が欠けているので3より1を引いて2とします。そうすると乾(けん)☰は3の三倍の9になり、坤(こん)☷は2の三倍の6になります。（乾九と坤六という数字は陽と陰を代表する数字になります、また九は陽、六(りく)は陰とぎゃくに数字によって陰陽を判断することもあります。）そうすると、震(しん)☳坎(かん)☵艮(ごん)☶は3＋2×2＝7に、また巽(そん)☴離(り)☲兌(だ)☱は2＋3×2＝8になります。震、坎、艮の奇数が陽卦、巽、離、兌の偶数が陰卦ということになります。奇数と偶数の捉え方について古代人は、割り切れない奇数は強く、割り切れる偶数は弱いと見ていたようです。

五、64卦画と卦名

八卦は三爻からなり、64卦画は六爻からなります。六爻は、下から初爻、二爻、三爻、四爻、五爻、上爻といいます。また初爻が陽爻の場合は、初九、陰爻の場合は、初六と、先の説明のように数字の陰陽をもちいます。六二、九三、六四、九五、上九のように初、上以外は最初に陰陽の九六で示し、次に爻順の数字がつきます。こうした易の解釈については第二章、三章でも折々に触れていこうとおもいます。それでは64卦画に卦名を付します。それは中国人のながい歴史と経験から抽出された、もっとも理にかなった命名です。

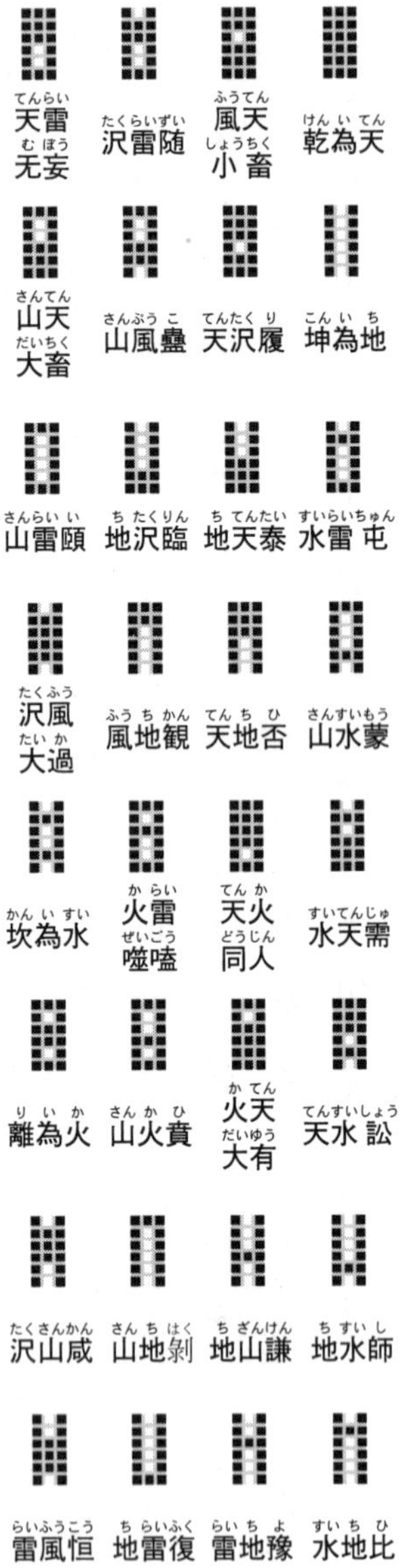

乾為天（けんいてん）	風天小畜（ふうてんしょうちく）	沢雷随（たくらいずい）	天雷无妄（てんらいむぼう）
坤為地（こんいち）	天沢履（てんたくり）	山風蠱（さんぷうこ）	山天大畜（さんてんだいちく）
水雷屯（すいらいちゅん）	地天泰（ちてんたい）	地沢臨（ちたくりん）	山雷頤（さんらいい）
山水蒙（さんすいもう）	天地否（てんちひ）	風地観（ふうちかん）	沢風大過（たくふうたいか）
水天需（すいてんじゅ）	天火同人（てんかどうじん）	火雷噬嗑（からいぜいごう）	坎為水（かんいすい）
天水訟（てんすいしょう）	火天大有（かてんだいゆう）	山火賁（さんかひ）	離為火（りいか）
地水師（ちすいし）	地山謙（ちざんけん）	山地剝（さんちはく）	沢山咸（たくさんかん）
水地比（すいちひ）	雷地豫（らいちよ）	地雷復（ちらいふく）	雷風恒（らいふうこう）

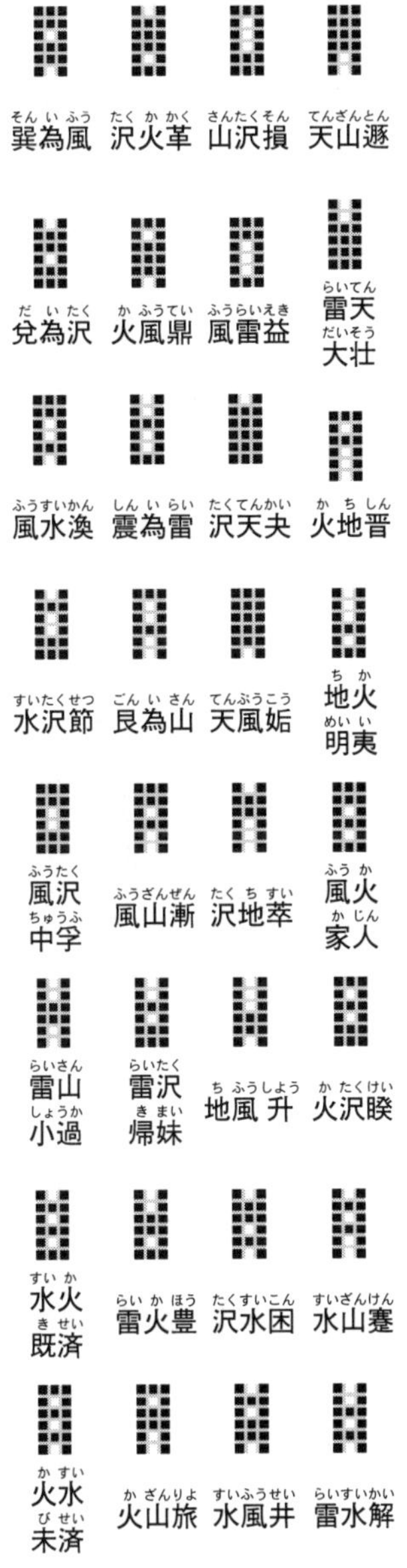

天山遯　雷天大壮　火地晋　地火明夷　風火家人　火沢睽　水山蹇　雷水解

山沢損　風雷益　沢天夬　天風姤　沢地萃　地風升　沢水困　水風井

沢火革　火風鼎　震為雷　艮為山　風山漸　雷沢帰妹　雷火豊　火山旅

巽為風　兌為沢　風水渙　水沢節　風沢中孚　雷山小過　水火既済　火水未済

卦名のなかに古代中国人の叡智を感じます。六爻を上下の八卦に分けて、風水渙なら上の八卦の象が風であり下が水であるので、風水とよび、湖あるいは川面を風がふいて散らしていく連想からか、渙と名づけられています。同じ八卦が重なった卦は乾為天、坤為地のように性質と象を合わせての呼び名になります。坎為水は習坎とも呼び、坎が重なるという意味です。

山雷頤は卦形のごとく口の中の上あご、下あごを表わしています。上の山の性能は止まるで、下の雷の性能は動くで、上あごと下あごもその通りです。また頤のなかに堅い余計なものが挟まった卦は、火雷噬嗑です、卦形そのものです。この卦は、余計なものを噛み砕くということで、刑罰について説かれています。卦形や卦名からだけでもいろいろ連想できて興味がつきません。なお、第三章に卦辞、爻辞を載せ、参考文献もあげていますので、ご興味を持たれた方はぜひ自ら易について考究して下さい。

六、I CHING or book of changes

「イー・チン　あるいはブック・オブ・チェインジズ」　英語圏での易の書名です。リヒャルト・ヴィルヘルム（1873－1930）が赴任地の中国で、清朝の学者である労乃宣（ろうだいせん）（1843－1921）の協力をえて独語で易経を翻訳したものを、後にキャリー・F・バインズという人が英語に翻訳したものがこの著になります。リヒャルト・ヴィルヘルムは先に名のでた心理学者のユングと交友があり、彼が訳したイー・チンはユングの心理学研究に大いに貢献を果たしました。リヒャルト・ヴィルヘルムの亡くなった後、ユングはリヒャルト・ヴィルヘルムに対して追悼記念講演を行ったほどです。また『I CHING or book of changes』にはユングの序文も載っています。

ここで64卦画の卦名のみを英語から邦訳にしてみようとおもいます。中国語から独語へ、独語から英語へ、英語から日本語へと、易が異人種間でどう展開していったか垣間みるおもいです。

[64卦]	[英訳]	[邦訳]
1・乾（qián）	The Creative	創造的な
2・坤（kūn）	The Receptive	受容的な

3．屯(chūn) Difficulty at the Beginning 若年の頃の困難

4．蒙(méng) Youthful Folly 若者の愚かさ

5．需(xū) Waiting (Nourishment) 待つ（滋養物）

6．訟(sòng) Conflict 闘争

7．師(shī) The Army 軍隊、団体、大勢

8．比(bǐ) Holding Together [Union] 保持、占有［結合］

9．小畜(xiǎoxù) The Taming Power of the Small 小さな力の保有、小さな力で押さえる

10．履(lǚ) Treading [Conduct] 履むこと［行為、やり方、指導］

11．泰(tài) Peace 平和、治安、無事

12．否(pǐ) Standstill [Stagnation] 停止、足踏み［停滞、不景気］

13．同人(tóngrén) Fellowship with Men 親交、親睦、団体、組合

14．大有(dàyǒu) Possession in Great Measure 所有、占有

15．謙(qiān) Modesty 謙遜、質素、地味

16．豫(yù) Enthusiasm 熱中、熱狂、感激　（古）神がかり

17．随(suí) Following 従者、信奉者

18．蠱(gǔ) Work on What Has Been Spoiled [Decay] 害する、損ずる、略奪［腐食、衰退］

19・臨 (lín) Approach 近づくこと、接近、近づく道

20・観 (guān) Contemplation (View) 黙想、静観、予期(見ること、視野、光景)

21・噬嗑 (shìkè) Biting Through 食いつく、痛烈な

22・賁 (bì) Grace 美質、上品、潔い態度、好意

23・剝 (bō) Splitting Apart 割れるような(頭痛)、破片、ばらばらに

24・復 (fù) Return (The Turning Point) 帰還、回帰

25・无妄 (wúwàng) Innocence (The Unexpected) 純潔、無罪、純真(予期しない、突然の)

26・大畜 (dàxù) The Taming Power of the Great 大きな力の保有、大きな力で押さえる

27・頤 (yí) The Corners of the Mouth (Providing Nourishment) 口の中の隅で噛む、(滋養を与える、前もって備える)

28・大過 (dàguò) Preponderance of the Great 大きく勝ること、大きく優勢・優越

29・坎 (kǎn) The Abysmal (Water) 底知れぬ奈落(水、河・湖・海、水面、水位)

30・離 (lí) The Clinging,Fire ねばり付く、〔宇宙の4元素 地、水、火、風の〕火

31・咸 (xián) Influence (Wooing) 影響、感化、感応(求愛)

32・恒 (héng) Duration 持続〔時間・期間〕

33・遯 (dùn) Retreat 退却、後退、隠遁

34・大壮(dàzhuàng) The Power of the Great 偉大な、全体

35・晋(jìn) Progress 進行、前進、国王の巡幸

36・明夷(míngyí) Darkening of the Light 暗くなる、陰気になる

37・家人(jiārén) The Family [The Clan] 家族 [氏族、派閥、党派]

38・睽(kuí) Opposition 圧迫、抑圧、弾圧、憂鬱

39・蹇(jiǎn) Obstruction 妨害、障害、支障

40・解(xiè) Deliverance 解放、救出、放免

41・損(sǔn) Decrease 減少、縮小

42・益(yì) Increase 増加、増殖、利益

43・夬(guài) Break－through (Resoluteness) 通り抜ける、突破する（決意、決議、解決）

44・姤(gòu) Coming to Meet 会、勢ぞろい、会衆、交わり

45・萃(cuì) Gathering Together [Massing] 集まる、手足を縮める [塊、密集、大衆]

46・升(shēng) Pushing Upward 活発的に上昇する、精力的にプラス志向

47・困(kùn) Oppression (Exhaustion) 圧迫、圧制、抑圧（疲労、消耗、疲労困憊）

48・井(jǐng) The Well 泉、源泉、井戸、くぼみ

49・革(gé) Revolution (Molting) 革命、回転、季節の循環、変革（脱皮、生え替え）

50・鼎（dǐng）	The Caldron	大釜、大鍋、沸とうする釜
51・震（zhèn）	The Arousing（Shock,Thunder）	起こす、目を覚ます、奮起（激動、衝撃）
52・艮（gèn）	Keeping Still,Mountain	保持、保有、管理、扶養、山、山のような
53・漸（jiàn）	Development（Gradual progress）	発達、発育、開発、現象（漸進的な、漸次の）
54・帰妹（guīmèi）	The Marrying Maiden	少女（処女）が嫁ぐ
55・豊（fēng）	Abundance [Fullness]	豊富、多数、多量、富裕［満ちること、十分］
56・旅（lǚ）	The Wanderer	歩きまわる、さ迷う、放浪者、漂泊者
57・巽（xùn）	The Gentle（The Penetrating,Wind）	温和、寛大、穏やか（浸透、貫通、鋭敏、風）
58・兌（duì）	The Joyous,Lake	喜び、嬉しさ、湖、泉水
59・渙（huàn）	Dispersion [Dissolution]	散布、分散［機能の消滅、崩壊、解散］
60・節（jié）	Limitatiom	限定、制限、限界
61・中孚（zhōngfú）	Inner Truth	心の内なる真偽、心の中の真理、嘘・偽りのない
62・小過（xiǎoguò）	Preponderance of the Small	（重量などで）小さく優勢、小さく優位
63・既済（jìjì）	After Completion	前に・完成、完了、卒業、満了
64・未済（wèijì）	Before Completion	後に・完成、完了、卒業、満了

［64卦］にはピンインという中国語の発音記号（漢字の読み方をアルファベットなどで示した）をルビに添えました。

この訳から推察できることは、漢字には象形文字というように絵の要素が備わり、その絵と意味との融合で対象が曖昧になる反面、広大なイメージにつながっていきます。逆に英語はアルファベットの並び替えで確実に対象を言い当てて、すべてを相対的に捉えようとする傾向を感じます。日本語はその両面を兼ね備えて、中立的な立場におもえるのは、私だけでしょうか。西洋的な思想は相対的で二元論といい、東洋的な思想を待対的な一元論とよぶのも、そうした言語のもつ根本的な性質からきているのかもしれません。また名（音）での物事の認識は、人と人を結ぶ原初のツールだといえます。

そうした言語の持つ特性を考えますと、古代中国で成立した易を、古代日本人の知性は、日本の四季や風土や宗教観を加味し、日本人もまた日本人の持つ最高の叡智で易を解釈しようと努めてきたようにおもいます。私自身白文は読めませんので、ほぼわが国の先哲の和訳でもって易を解釈してきました。中国人の易と日本人の易は、その言語の持つ性質やその風土で培われてきた精神性のように、微妙にあるいは真逆な解釈もあるような気がします。私は日本人の先哲の易解釈を通じて、日本人のもつ豊かな知性や感性、その聡明にしてたゆまぬ努力に、日本人として改めて敬意と誇りを感じたしだいであります。

この第一章は易経についての簡単な説明でおわりました。第二章、第三章で私が検証しているは、64卦画そのものです。易経についての認識があってもなくても読み進めることが可能です。易について、私は「はじめに」で、「先人たちに新しい息吹を吹きこまれ、また新しく再生し、けっして滅びることも廃れることもありません、またいつの時代でも新しく蘇るのです」と書きました。また易という漢字については、イモリがいくら損傷しても再生し復元していく、その生命力の強さを内包した象形といいました。私の易解釈の主眼は、そこにあります。易に新たな息吹をふきこむことです。

第二章　64卦画とカオスの中の法則

本章は、『カオス　混沌のなかの法則』（戸田盛和著・岩波書店　一九九一年）、『カオスとフラクタル』（山口昌哉著・筑摩書房　２０１０年）から図版も含め参照、引用、転載させて頂いております。易に関する箇所は、主に『易』（本田済著・朝日出版社　一九九七年）を参照させて頂いております。

一、カオスについて

カオス（ギリシャ語でchaos）の意味を調べますと、「大きく口を開けた」虚の空間を意味したと思われるが、その中にはすでに万物の胚種が混ざり合っていたともいう。ヘシオドスの『神統紀』神話では、ガイアより先に万物の最初に生じた男性の神格としてなかば擬人化され、暗闇（↓エレボス）と夜（↓ニュクス）とはその子であるとされている。（ブリタニカ国際大百科事典　小項目事典より）

また『大辞林』第三版によりますと、

①混沌（こんとん）。混乱。

②ギリシャ神話の宇宙開闢説（かいびゃくせつ）における万物発生以前の秩序なき状態。また、同時にすべての事物を生みだすことのできる根源。ケイオス　⟷　コスモス（秩序ある世界）。

③初期条件・境界条件を定めると以後の運動が決まるような簡単な系であっても、初期条件のわずかな差で大きく違った結果を生ずるような現象。気象現象・乱流や生態系の変動などに見られる。

と説明されています。

カオスは、漢字では混沌（こんとん）、渾沌（こんとん）という字があてられています。『荘子』の應帝王第七に渾沌についての面白いエピソードが載っています。左記はその白文訓点、訓読、通解です。

南海之帝為レ儵。北海之帝為レ忽。中央之帝為二渾沌一。儵與レ忽、時相與遇二於渾沌之地一。渾沌待レ之甚善。儵與レ忽謀レ報二渾沌之德一。曰。人皆有二七竅一。以視聴食息。此獨無レ有。嘗試鑿レ之。日鑿二一竅一。七日而渾沌死。

〔訓読〕南海の帝を儵（しゅく）と為し、北海の帝を忽（こつ）と為し、中央の帝を渾沌（こんとん）と為す。儵と忽と時に相与（あいとも）に渾沌の地に遇ふ。渾沌、之を待つこと甚だ善し。儵と忽と、渾沌の徳に報（むく）いんことを謀（はか）り、曰はく、『人は皆、七竅（けう）有り、以て視聴食息（していしょくそく）す。此れ独り有る無し。嘗試（こころみ）に之を鑿（うが）たん』と。日に一竅（いっけう）を鑿（うが）つ。七日にして渾沌死す。

〔通解〕南海を支配として居る帝は儵（しゅく）と曰ひ、北海を支配して居る帝は忽（こつ）と曰ひ、中央を支配している帝は渾沌（こんとん）と曰った。儵と忽とが或る時、渾沌領の地で会合したが、渾沌はこれ等の二帝を鄭重に待遇した。そこで儵と忽とは、その恩徳に報いようと思うて相談して曰った、『世の中の人には、皆、二つの目と、二つの耳と、二つの鼻の穴と、一つの口と、合はせて七つの穴が有って、それによって視たり、聴いたり、食べたり、息をしたりして居る。然るにこの渾沌のみは、のっぺらぼうで、それ等の七つの穴が無い。まことに気の毒な事である。試みにそれを鑿って遣ったら、如何だらう』と。斯く相談をきめて、それから毎日一つづつ穴を鑿ってやった。斯くて七日目に七つの穴が皆備はった。さうすると渾沌は忽ち死んでしまった。〇儵と忽とは、人為に喩へたのであり、渾沌は陰陽未だ別れざる以前の状態で、自然に喩へたのである。比喩は、人間が小さい知恵を以て色々な細工をして自然を害ってしまふことを言ふのである。儵は何を謂ふのである、忽は何を謂ふのであるなどと穿鑿するのは、おもしろく無い。いろいろ理屈をつけて説明すればするほどおもしろく無くなるのである。郭注に、『為す者は之を敗る』と簡単に註してあるようなのが、最も善い。要するに、人間の小さい智慧を以て、仁義礼智だの、人倫道徳だの、其他いろいろ細工をするのは、甚だ宜しくない、それは自然を滅ぼすものであることを言ったのであると考えて、此話の途方も無く、そしておもしろいところを味ふが善いのである。あまり穿鑿するのは、それ亦渾沌に竅を鑿るのである。

（『公田連太郎編述　荘子内篇講話』明徳出版　１９６０年より）

この『荘子』の渾沌と、ギリシャ神話のカオスが共に擬人化された帝を現わしているのが興味深く思われます。『大辞林』の「宇宙開闢説における万物発生以前の秩序なき状態。また、同時にすべての事物を生みだすことのできる根源。」その象徴が渾沌とカオスということとなります。公田氏はそのことを「陰陽未だ別れざる以前の状態で、自然に喩へたのである。」と説きます。まだ陰陽が分かれていない状態は、易では太極のことをさします。渾沌、カオスを太極として捉えることもできなくはありません。ここまでのカオスの意味は、『大辞林』では①②の意味に当たると思います。③は今から半世紀以前から科学や数学で研究されているカオスについてです。その③のカオスが、64卦画と結びつくことをこれから解説していこうと思います。

二、占筮について

『易』は哲学の書の一面と、占いの書としての一面と両面兼ね備えた不思議な書物です。昭和の頃には夜な夜な街の片隅に『占断』と行灯を立てた占師をよく見かけたものです。私も一度占ってもらった記憶があります。筮竹という30センチほどの竹の棒を操作して、六十四卦の中から一つ、あるいは二つの卦を導き出すのです。二つというのは、さいしょに導き出した卦の六爻のいずれかの陰陽が逆転して別の卦に変ずることです。たとえばさいしょに䷼（風沢中孚）の卦を得たとすると、上九（老陽）と六三（老陰）が変ずる結果になると、䷄（水天需）になるということです。この卦のことを之卦といいます。筮竹をつかった筮法には、本筮法、中筮法、略筮法などがあり、後になるほど字の如く簡易なやり方になっていきます。私が二十過ぎの頃に占ってもらったやり方は略筮法だったと思います。どんな卦を得たのかもう忘れましたが、その時占師になぜ易は当たるんですか？と訊ねましたところ、「中国三千年の歴史」と返答されたことは今でも覚えています。

国家の式典にしても、神社の祭事にしても、仰々しく厳粛に執り行われる儀式ほど人々の信奉を集め、格式と権威づけが行われます。占筮もおなじことがいえます。殷（前十八世紀―前十二世紀）のころの亀卜は国家の命運を占う大切な祭事でした。亀卜とは亀の甲羅や牛の肩甲骨に小さな穴をあけ、裏から火で炙ると、骨にヒビが入り、そのヒビの入りようでその問うた物事の吉凶を占ったそうです。卜は、ボクはその時の割れた音と、ヒビを表わしています。殷から周（前十二世紀―前三世紀）に時代が移ると、亀卜は衰えて『連山』『帰蔵』『周易』の三易が残っていました。しかしその『連山』『帰蔵』もいつしか亡んでしまい、いま『易』『易経』というのはこの『周易』のことをいいます。周代のころに栄えた易という意味です。殷代はわが国の上古のような祭政一致の政治が行われおり、周代は孔子が理想とした政治や文化が開化し確立されてきた時代です。周初のころは大卜という占いを掌る官吏がいました。国や政治の重要な局面を占う官吏であり、それに見合う筮法も確立され権威づけられていたように思います。易の解説書である繋辞伝にも筮法が示されていますが、その内容からははっきりした筮法を読みとれません。さきの筮竹を扱う本筮法は、宋の朱熹（１１３０―１２００）が『筮儀』に解説したやり方です。筮竹や占筮に関心をもたれた方は、参考文献の『易』、もしくは公田連太郎著『易経講話第五巻』にも詳しく書かれています。

ここで私が取り上げたい筮法は、擲銭法です。硬貨投げのことです。筮竹に比べて非常に簡単なやり方です。すでに唐（６１８―９０７）の『儀礼正義』（士冠礼）にそのやり方が示されています。唐の時代は貴族の衰えと同時に市民経済が勃興してきた時代です。易をはじめ五経は孔穎達（５７４―６４８）によって『五経正義』にまとめられ、科挙登用試験の国定教科書になりました。だがその一方で、占いとしての易は擲銭法など簡易に行えるものが庶民の間で流行っていたということは、それだけ市民生活が豊かになり個人の自由意志や選択が許されてきた時代ではなかったのでしょうか。二〇一八年の今でさえ、易をパソコンで検索すると、哲学書としての易（義理易）、占筮書としての易（象数易）、あるいは両方合わせ持つもの、種々様々です。そして今日の私たちもちょっとした人生の決断に迫られたときには、ハウツー本に頼るよりも、一か八か硬貨投げの表裏に賭けてみたい時だってあります。その心理は唐の時代の人も今の時代の人もなんら変わりないように思います。

擲銭法で64卦画の一卦を選び出すにも、いろいろなやり方があります。3枚の硬貨を6回投げて、一爻ずつ老陽、少陽、老陰、少陰をもとめて、さいごに之卦を出すやり方。一度に6枚の硬貨（1枚だけ違う種類の硬貨を入れる）を掌の中でまぜて、念が入ったところで、下から6枚ならべて卦を出すやり方、表が陽で裏が陰で、違う種類のコインが陽なら陰へ、陰なら陽に入れ替わり、一爻変の之卦がもとめられます。後はその出た卦の64卦画や卦名、卦辞、爻辞（第三章参照）などをもとに占断を下していくわけです。

私はここでは64卦画とカオスの中の法則を解き明かしていきたいので、1枚の硬貨を6回投げて、その表裏でまず六爻をもとめていきたいと思います。表が〇で陽、裏●で陰、爻は下から上に重ねていきます。それではやってみます。初爻〇、二爻●、三爻●、四爻●、五爻●、上爻●　結果は、䷗（地雷復）です。旧暦でいえば十一月の冬至、まさに陰の中から陽が兆してくる一陽来復のおめでたい卦です。著作の途上、完成に向けての希望がわいてくる思いです。

三、決定論的カオス　（出典　前記『カオス　混沌のなかの法則』〔8頁～10頁〕）

カオスについての③番目の意味について、戸田盛和氏はこう定義しています。

定義　「決定論にしたがうが、不規則で乱雑な挙動を示す場合、これをカオス、あるいは決定論的カオスという。」

戸田氏の説明をその後も続けます。

「不規則に見えても本当に不規則なのかどうか、という疑問が残る。これを含めて、不規則に見えるある現象が、この定義のカオスであるかどうかを調べるのもカオスの研究の一面である。

不規則の典型的な例は、硬貨を投げて表が出るか、裏が出るかという作業（いわゆる銭投げ）をくり返す場合である。この操作で表と裏は全く不規則に現われる。数学的には、これを「不規則」の定義にする。そして、これと同等であることが証明されれば、その現象は不規則であるというのである。ある現象がこの意味で本当に不規則かどうかを証明するのはむずかしい場合が多い。カオスらしいと思われる現象をいろいろ調べるのもカオスの研究である。このようなことからもわかるように、このカオスの定義は、たいへん数学的なものであり、物理的にいえばある種の理想的な場合と考えられる。物理的には、完全に決定論的な現象を考えるのはむずかしい。たとえば、物が落ちる場合でも、風の影響などの全く不確かな影響があるので、完全に決定論的とはいえない。地球上の気象でも、太陽の放射の変動や火山の噴火の影響などが不確かな要因としてはたらくので、完全に決定論的ではない。そのような影響が全くないと考えられる完全に決定論的現象は、物理的には理想的な場合である。しかし、数学者だけでなく物理学者も、そのような理想的な場合の研究を熱心にしている。理想的な場合は万事はっきりしていて、論理的に考えることができるから面白いし、また理想的な場合がわかれば、理想的ではない複雑な場合も理解しやすくなる。

カオスの研究が進む前までは、「不規則性」は現象の複雑さによるものと理解されてきた。複雑であるために、個々の法則がかくされて、法則がないように見える。これが不規則性であると思われてきた。

しかし、ローレンツの考えた簡単な決定論的な方程式が、簡単さにかかわらず全く不規則な振舞いを示すことがわかったのである。これに興味をもった多くの研究者が、種々の決定論的方程式を考え出し、それらがやはり簡単な方程式なのに全く不規則な振舞いを示すことを発見した。そしてその中には、硬貨投げと同等で、したがって明白に不規則であることが証明されたものも出てきた。冒頭の定義にかなうカオスの存在が明らかにされたのである。そうしてみると、身のまわりの現象の中にも、カオスはいたるところにある。

カオスからの秩序

水は、ゆっくり流れているときは静かであるが、速く流れるといたるところに小さな渦ができる。このように、水の運動は不規則に、カオス的になる。秩序がくずれてカオスになるのである。そしてさらに水の流れがはげしくなると、鳴門の渦潮のように大きな渦ができることがある。これは大きな秩序のある運動である。このように、カオスの中に秩序が、あるいはカオスから秩序ができることがある。

粉、水、卵をこねたり、かきまわしたりする製パン、製麺、製菓、あるいは料理一般は、すべてカオスを作る操作であるともいえる。そしてカオスの極限において見事な料理ができ上がる。こういうふうにみれば、これもカオスから秩序が作られるわざである。」

つぎに決定論的な操作であるパイこねについて考えてみたいと思います。

四、パイこね変換

（四節〜十一節までの出典　前記『カオス　混沌のなかの法則』〔46頁〜65頁〕、『カオスとフラクタル』〔13頁〜50頁〕）

お菓子やパンを作るときは、小麦粉、イースト、ふくらし粉、塩、砂糖、スパイス、バターなどを入れてこねます。こねるにつれてだんだんと材料が混ざってきます。カオスになってくるのです。そば粉と強力粉を混ぜて、そばを打つときも、まるめては延ばし、まるめては延ばしているうちに、だんだん一様に混ざっていきます。

こうして粉をこねて混ぜていく過程を簡単化し、同じことをくり返すだけで、完全にカオス的に混ぜるやり方が考えられます。これを説明します。

〔パイこね〕

図1は（a）は材料を横から見たところです。まず、めん棒を使って、厚さを半分、一辺の長さを二倍に延ばします（図（b））。

延ばしたものを、真ん中で半分に切って、右半分を左半分の上に乗せます（図（c））。これで厚さと一辺の長

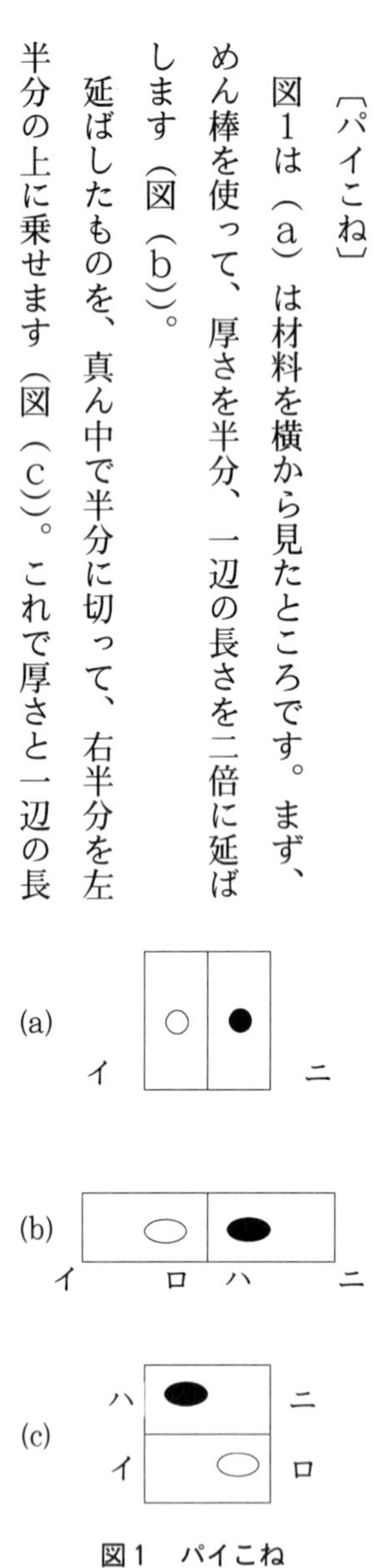

図1　パイこね

さがはじめの（a）と同じになりました。

このように、横に延ばして半分にして、縦に積み重ねるという操作を繰り返すにつれて、しだいによく混ざっていきます。

この操作は、薄い皮が重なった洋菓子のパイを作るのに似ているので、パイこね変換（あるいはパン屋の変換）とよばれます。数学的な用語で、図（a）の状態を図（b）の状態に変え、さらに図（c）の状態に変えるというので、変換とよぶのです。同じことですが、パイこね写像というふうに写像という言葉も使われます。これは一つの図に対応する別の図に移ることを意味しています。このパイこね変換をn回おこなった後の○と●のある点の位置をX_n（横軸）とし、これがn+1回目の変換で移った位置をX_{n+1}（縦軸）とすれば、図2のパイこね変換の図で表わせられます。

図1のパイこねは切って重ねましたが、それを折りたたんでいく方法もあります。その折りたたみパイこね変換では、はじめ左端のX_n（横軸）のところにあった点がX_{n+1}（縦軸）に移っ

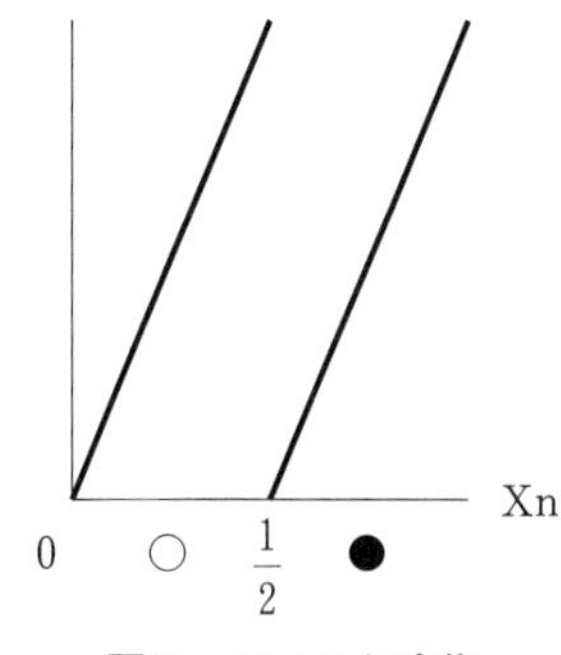

図2　パイこね変換

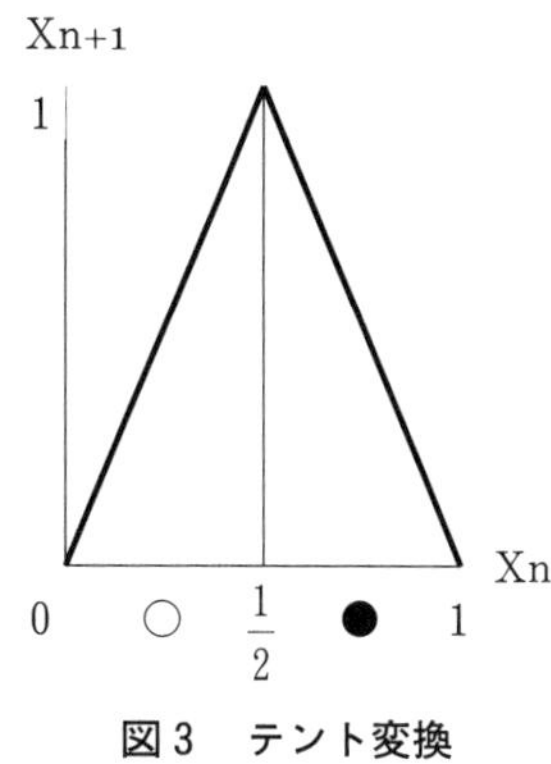

図3　テント変換

たとすると、図3のグラフで表わせられます。これは三角のテントの形をしているので、テント変換（写像）といいます。また硬貨投げを無限回繰り返せば、確率が1/2に近づいていくことも表わしています。

図2、3は、パイをこねる操作の無限のくり返しを抽象的に表現したものです。この二つのグラフは数学では離散力学系といって大変重要な公式のひとつになっています。

五、硬貨投げ（伏羲六十四卦次序図・伏羲六十四卦円図）

非決定論的とよばれる法則とはどんなものでしょうか。もっとも代表的なものに硬貨投げとサイコロ投げがあります。硬貨投げについて説明しましょう。何回も何回も硬貨を投げて、出た表裏を記録します。先ほどのように「表」を○で陽を表わし、「裏」を●で陰を表わします。たとえば次のようになります。

○○○○●●○●○●○……

64卦画の1卦は6回の試行で求められますが、これは無限回くり返すものとします。この出方はもちろん不規則で周期を持たず、完全にカオスです。これは偶然そのものであって、「決定論的」なものは何もありません。

しかし図2「パイこね変換」、図3「テント変換」は○●の無限回くり返したものを表わしています。この無限回の中に64卦画ももちろん含まれています。図3の1－2の△の頂点部は、○●どちらでも対応します。この図3は64卦画の成り立ちを連想させます。まさに頂点は陰陽を含んだ太極と

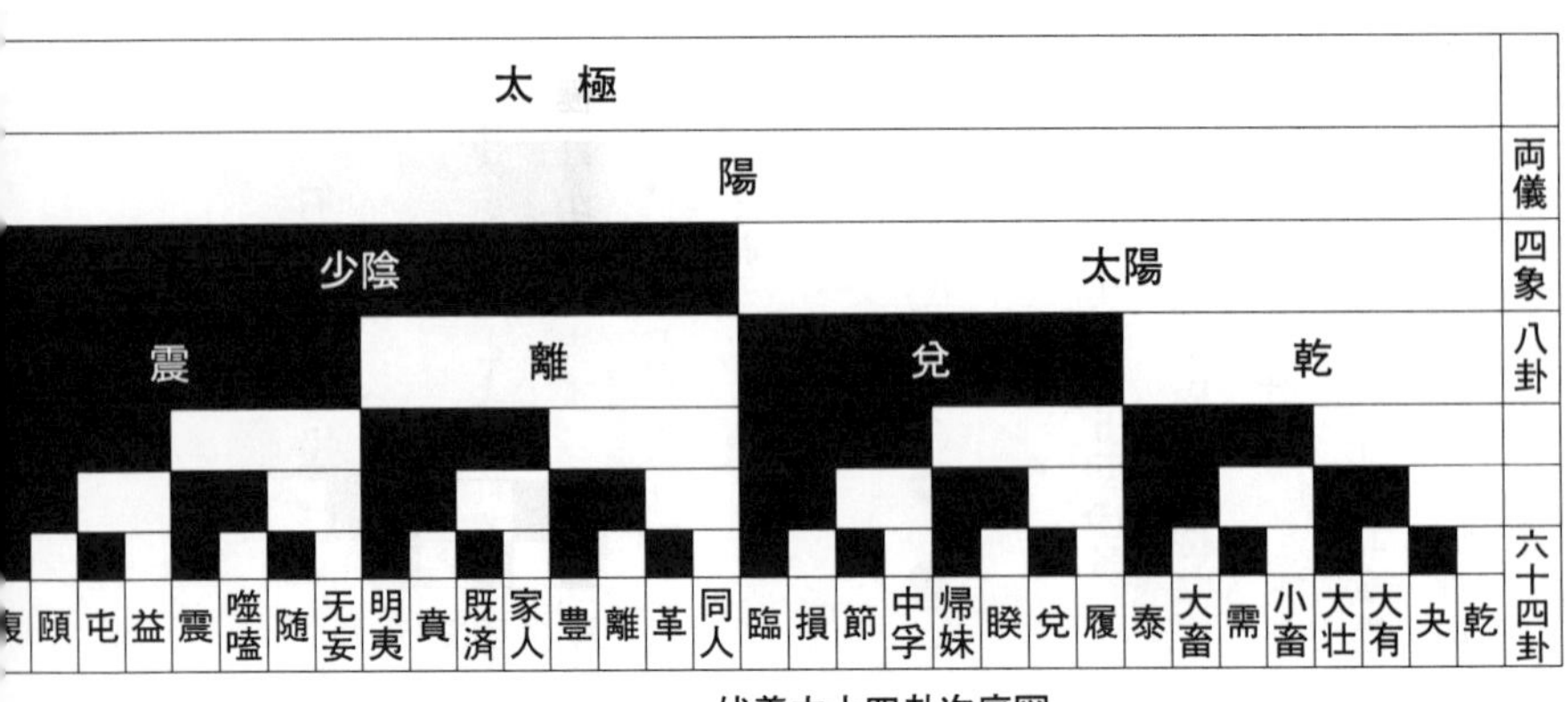

伏羲六十四卦次序図

みなすことができます。このグラフから完全に偶然な硬貨投げはパイこねという決定論的操作の結果と見ることができます。

つぎに64卦画に当てはめながら、このことを検証していきたいと思います。

朱熹の『周易本義』に伏羲六十四卦次序図が載っています。これはまさに硬貨投げの表か裏かを6回くり返して現われる、64通りのパターンです。またパイこねでは延ばして切って重ねるの操作を6回くり返した展開図になります。

さらに伏羲六十四卦次序図の右の乾と左の坤を、太極を中心にしてくるっと円を作ります。すると、次の円図になります。かりに伏羲六十四卦円図と名づけます。（他にも円図としては、『伏羲六十四卦方位図』や『六十四卦生自両儀図』などありますが、この円図とは卦の配置がちがっています。他に呼び名があるかもしれませんが、ここでは円図と呼ぶことにします。）

五、硬貨投げ（伏羲六十四卦次序図・伏羲六十四卦円図）

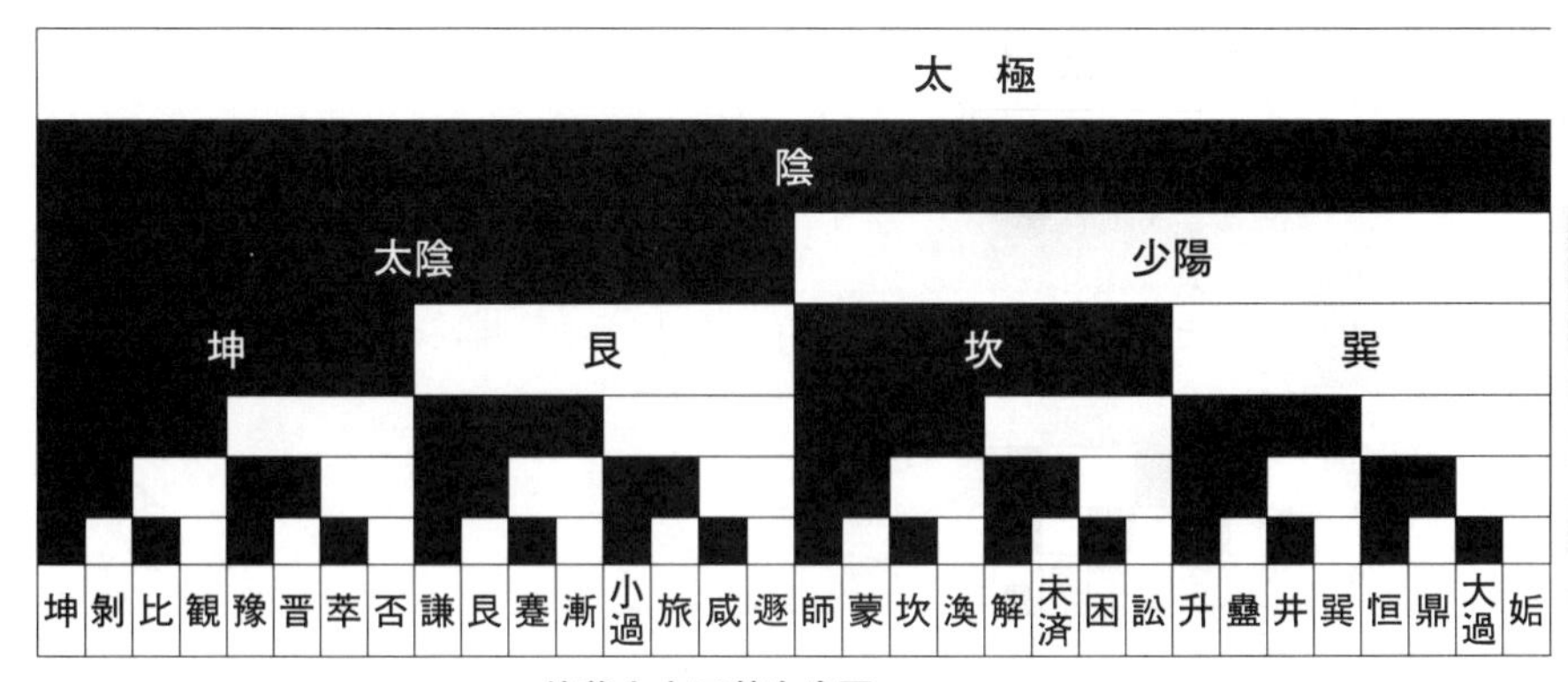

伏羲六十四卦次序図

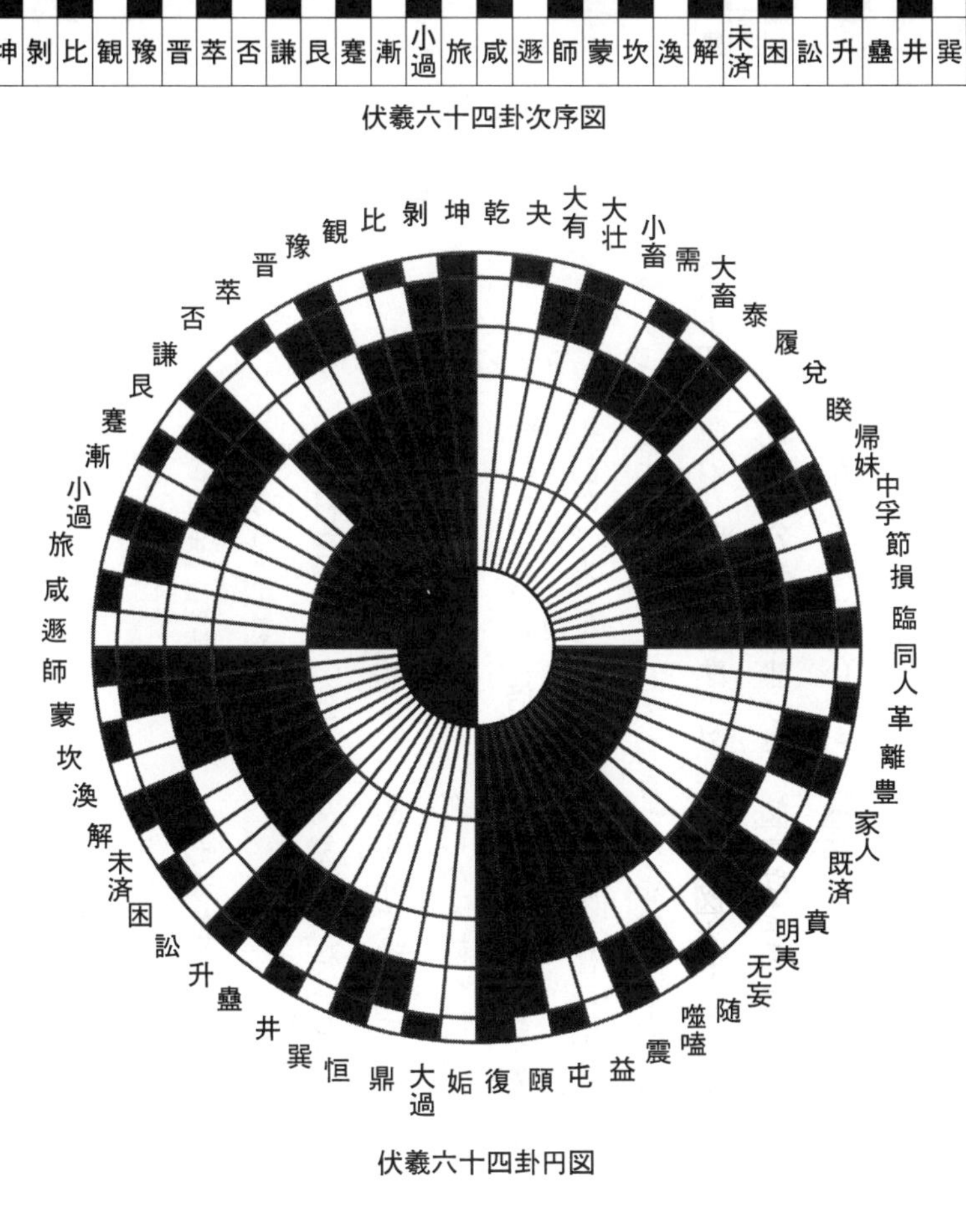

伏羲六十四卦円図

六、ロールパイ

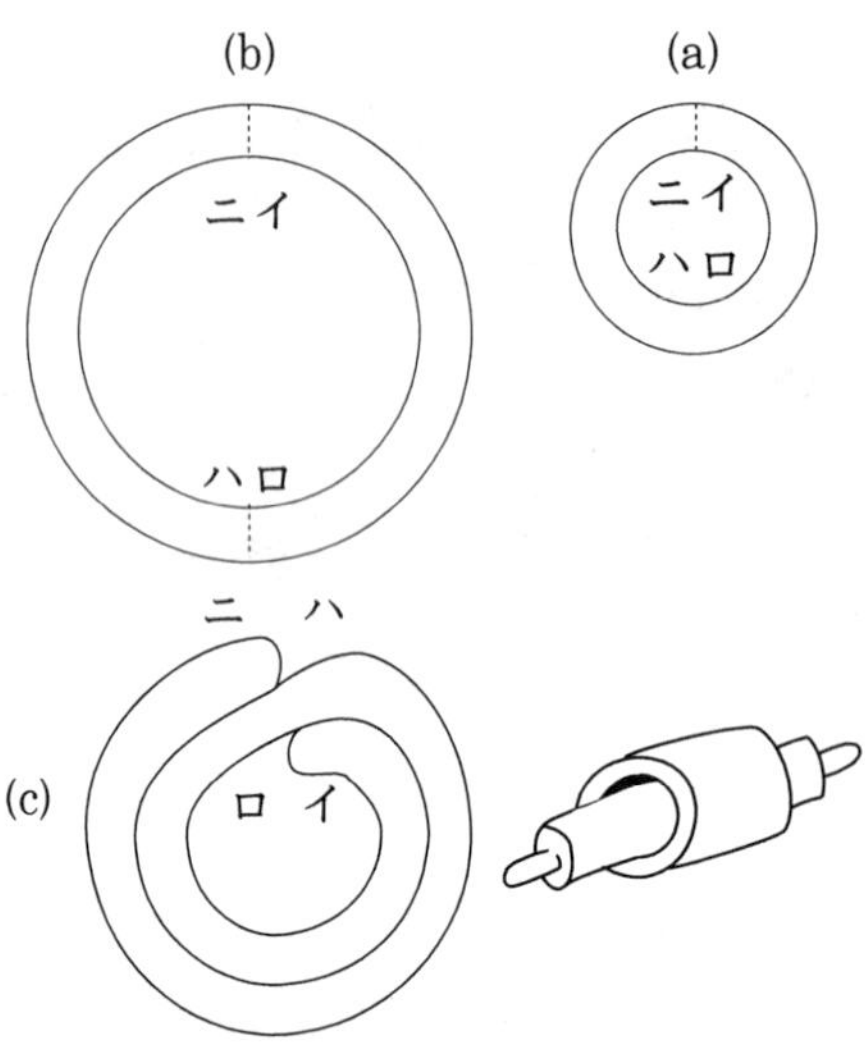

図4　ロール状のパイこね

これまでに述べたパイこね変換は、次のようにおこなうこともできます。

材料を図1（a）よりも薄く延ばして、図4（a）のように延ばし、めん棒に巻きつけてロール状に一周させます。次にめん棒を使って図4（b）のように二倍の長さに延ばします。そして、上部のイとニとの間を切り、めん棒に図4（c）のように二巻きして巻きつけます。この結果は、前のパイこね操作の図1（c）の右端を下に曲げて、ロの部分をハの部分につないだことに相当します。

こう考えると、前のパイこね変換との関係が理解できます。前のパイこねでは、ロとハとの部分を切りはなしましたが、いま述べたロール状のパイこね変換では、ロとハとの部分はつないだままで切りはなす必要はありません。このような変換を、もちろん何度もくり返し、そのたびに材料は混ざっていきます。

切れ目を入れる上部のイから測ったある点までの角度をAとすれば、変換を一度おこなうと、この点は2Aへ移ることがわかります。しかし、2Aが三六〇度を超えると、角度としては三六〇度を引いたのと同じことになります。そこで、n+1回目の変換で、AnがAn+1へ移るとすれば、この関係は、図2と同じ形をした図5で表わされることになります。

角度を二倍するという操作は、同じものを二つ加えることであるから線形のように思われるかもしれませんが、三六〇度を越えるごとに三六〇度以下にもどす操作は線形ではありません。この非線形によりカオスが生じます。

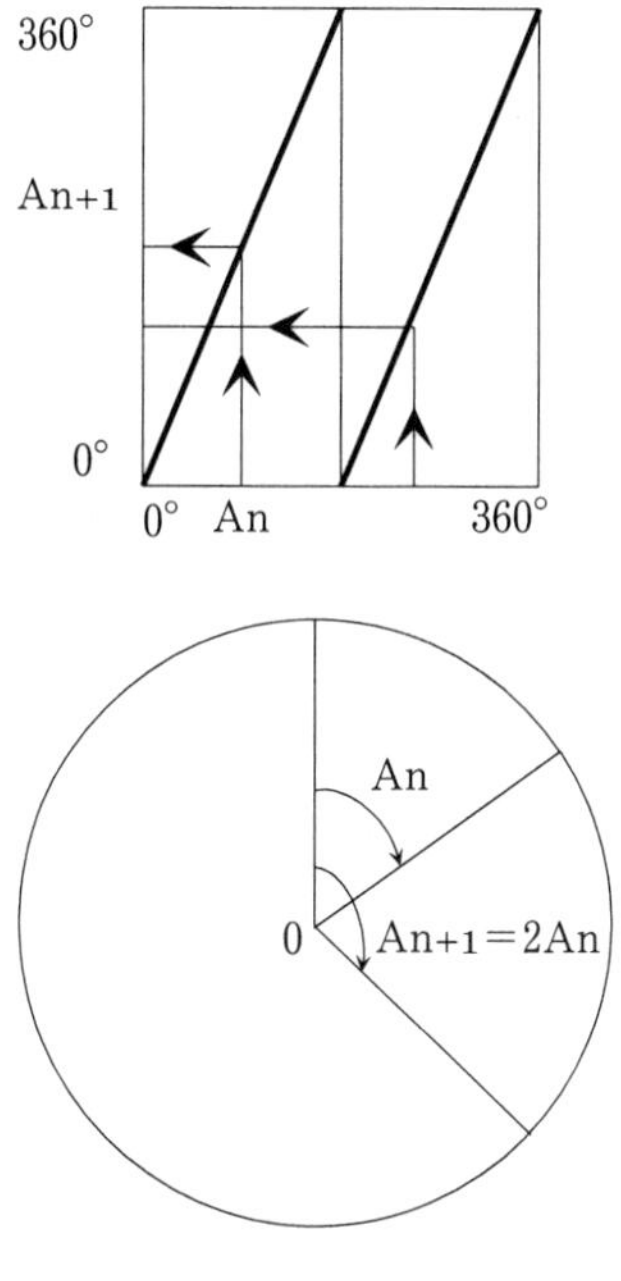

図5　ロール状のパイこね変換

七、角度の区分け

先ほどの円図を見ていきます。円の中心から円周をぐるっと一周して見る角度は三六〇度ですが、角度を表わすには別の方法もあります。

円図は見ての通り同心円 6個からなります。パイこね、硬貨投げでは、延々にくり返されるものとして、この円図は果てしなく 64×2、128×2、256×2……と広がっていきます。その広がりをイメージして頂きたいです。一番の中心は太極から両儀になり、●が陰で、○が陽で、2^1、2^2、2^3、2^4、2^5、2^6……と外周になるごとに増えていきます。易経ではその無限の広がり（森羅万象）を64卦画に代表させていると説かれています。

さて、乾と坤の間から真上に直線を引いてこれを基準線0とします。これと任意にとった直線A（たとえば兌為沢の中心を通る線）とがなす角（直線Aの傾き）は直線Aに沿っていくときに通る陰と陽の縞によって表わされます。陽の縞をI、陰の縞を○で表わすと、兌為沢の場合は、両儀の円からはじめて IIOIIOであり、これが乾と坤の基準線0と兌為沢（直線A）との間の角を表わしています。この角をA_0とすれば

A_0＝ⅠⅠ〇ⅠⅠ〇……（兌為沢）

と書けます。この角の二倍を与える直線を図とします。基準線と直線のなす角はA_0の二倍で、これをA_1とすると

A_1＝2A_0＝Ⅰ〇ⅠⅠ〇〇……（雷火豊）

と書けます。

右のA_0とその二倍のA_1の表わし方を比べますと、A_0の記号ⅠⅠ〇ⅠⅠ〇のはじめのものを落として、あとはすべて一つずつくり上げるとA_1になることがわかります。

A_0＝ⅠⅠ〇ⅠⅠ〇……

A_1＝Ⅰ〇ⅠⅠ〇〇……

この規則は、A_0（兌為沢）とA_1（雷火豊）だけに限らず、任意の卦の角度とその二倍の角度の卦の

間について成り立つことが確かめられます。

ここでロールパイこねは一度おこなうごとに角Aを二倍にする変換であったと思います。たとえば、

A_0= ○○Ｉ○○Ｉ……（艮為山）

であれば、これをロールパイこね変換したものは、はじめの0を落として一つずつずらした

$A_1=2A_0$= ○Ｉ○○Ｉ○……（坎為水）

で与えられます。

占筮について書いた二節で、本筮法、中筮法あるいは擲銭法においても、老陰、老陽を得ると、得た卦の陰陽が反転して、之卦になることをつたえましたが、このロールパイこね変換に円図を当てはめると、まさに之卦は$A_0 \to A_1=2A_0$の「決定論的」な操作で求められることになります。

八、決定論的之卦

さて、硬貨の表○（陽でⅠ）と裏●（陰で○）の擲銭法によって卦を求めていきます。その際円図の白と黒の縞に対応させていきます。また得られた卦は、基準線0との角の二倍の之卦に変換されていきます。なお乾ⅠⅠⅠⅠⅠⅠ坤○○○○○○は、$A_0=0^\circ$ならば$A_{n+1}=A_{n+2}=\cdots\cdots=0^\circ$となってしまうし、$A_0=90^\circ$（地沢臨と天火同人との間の直線）ならば$A_1=180^\circ$（地雷復と天風姤との間の直線）、$A_{n+1}=A_{n+2}=\cdots\cdots=0^\circ$となってしまう特別な初期値です。

乾の右隣りの沢天夬の卦から決定論的之卦を求めていこうと思います。（次頁以降は、その表）

硬化投げによる擲銭法　○○○○○●（上から初爻、二爻、三爻、四爻、五爻、上爻）

直線A　Ⅰ↔○　Ⅰ↔○　Ⅰ↔○　Ⅰ↔○　Ⅰ↔○　○↔●

こう考えれば一つの卦の試行の列に対して、一つの直線Aが定まります。すると之卦は、

直線2A　Ⅰ↔○　Ⅰ↔○　Ⅰ↔○　Ⅰ↔○　○↔●　○↔●（雷天大壮）

九、64卦決定論的之卦表

64卦	硬貨投げ（偶然）	〔決定論的之卦　$A_{n+1}=2A_n$〕					
沢天夬	○	A_0 I	I	I	I	I	O
雷天大壮	○	A_1 I	I	I	I	O	O
地天泰	○	A_2 I	I	I	O	O	O
地沢臨	○	A_3 I	I	O	O	O	O
地雷復	○	A_4 I	O	O	O	O	O
坤為地	●	A_5 O	O	O	O	O	O

火天大有	○	I	I	I	I	O	I
水天需	○	I	I	I	O	I	O
雷沢帰妹	○	I	I	O	I	O	O
地火明夷	○	I	O	I	O	O	O
地水師	●	O	I	O	O	O	O
地雷復	○	I	O	O	O	O	O

風天小畜	○	I	I	I	O	I	I
兌為沢	○	I	I	O	I	I	O
雷火豊	○	I	O	I	I	O	O
地風升	●	O	I	I	O	O	O
地沢臨	○	I	I	O	O	O	O
地雷復	○	I	O	O	O	O	O

九、64卦決定論的之卦表

64卦	硬貨投げ（偶然）	〔決定論的之卦　$A_{n+1}=2A_n$〕					
山天大畜	○	I	I	I	O	O	I
水沢節	○	I	I	O	O	I	O
震為雷	○	I	O	O	I	O	O
地山謙	●	O	O	I	O	O	O
地水師	●	O	I	O	O	O	O
地雷復	○	I	O	O	O	O	O

天沢履	○	I	I	O	I	I	I
沢火革	○	I	O	I	I	I	O
雷風恒	●	O	I	I	I	O	O
地天泰	○	I	I	I	O	O	O
地沢臨	○	I	I	O	O	O	O
地雷復	○	I	O	O	O	O	O

火沢睽	○	I	I	O	I	O	I
水火既済	○	I	O	I	O	I	O
雷水解	●	O	I	O	I	O	O
地火明夷	○	I	O	I	O	O	O
地水師	●	O	I	O	O	O	O
地雷復	○	I	O	O	O	O	O

64卦	硬貨投げ（偶然）	〔決定論的之卦　An+1=2An〕					
風沢中孚	○	I	I	O	O	I	I
沢雷随	○	I	O	O	I	I	O
雷山小過	●	O	O	I	I	O	O
地風升	●	O	I	I	O	O	O
地沢臨	○	I	I	O	O	O	O
地雷復	○	I	O	O	O	O	O

山沢損	○	I	I	O	O	O	I
水雷屯	○	I	O	O	O	I	O
雷地豫	●	O	O	O	I	O	O
地山謙	●	O	O	I	O	O	O
地水師	●	O	I	O	O	O	O
地雷復	○	I	O	O	O	O	O

天火同人	○	I	O	I	I	I	I
沢風大過	●	O	I	I	I	I	O
雷天大壮	○	I	I	I	I	O	O
地天泰	○	I	I	I	O	O	O
地沢臨	○	I	I	O	O	O	O
地雷復	○	I	O	O	O	O	O

九、64卦決定論的之卦表

64卦	硬貨投げ（偶然）	〔決定論的之卦　$A_{n+1}=2A_n$〕					
離為火	○	I	O	I	I	O	I
水風井	●	O	I	I	O	I	O
雷沢帰妹	○	I	I	O	I	O	O
地火明夷	○	I	O	I	O	O	O
地水師	●	O	I	O	O	O	O
地雷復	○	I	O	O	O	O	O

風火家人	○	I	O	I	O	I	I
沢水困	●	O	I	O	I	I	O
雷火豊	○	I	O	I	I	O	O
地風升	●	O	I	I	O	O	O
地沢臨	○	I	I	O	O	O	O
地雷復	○	I	O	O	O	O	O

山火賁	○	I	O	I	O	O	I
坎為水	●	O	I	O	O	I	O
震為雷	○	I	O	O	I	O	O
地山謙	●	O	O	I	O	O	O
地水師	●	O	I	O	O	O	O
地雷復	○	I	O	O	O	O	O

64卦	硬貨投げ（偶然）	〔決定論的之卦　$A_{n+1}=2A_n$〕					
天雷无妄	○	I	O	O	I	I	I
沢山咸	●	O	O	I	I	I	O
雷風恒	●	O	I	I	I	O	O
地天泰	○	I	I	I	O	O	O
地沢臨	○	I	I	O	O	O	O
地雷復	○	I	O	O	O	O	O

火雷噬嗑	○	I	O	O	I	O	I
水山蹇	●	O	O	I	O	I	O
雷水解	●	O	I	O	I	O	O
地火明夷	○	I	O	I	O	O	O
地水師	●	O	I	O	O	O	O
地雷復	○	I	O	O	O	O	O

風雷益	○	I	O	O	O	I	I
沢地萃	●	O	O	O	I	I	O
雷山小過	●	O	O	I	I	O	O
地風升	●	O	I	I	O	O	O
地沢臨	○	I	I	O	O	O	O
地雷復	○	I	O	O	O	O	O

九、64卦決定論的之卦表

64卦	硬貨投げ（偶然）	〔決定論的之卦　$A_{n+1}=2A_n$〕					
山雷頤	○	I	O	O	O	O	I
水地比	●	O	O	O	O	I	O
雷地豫	●	O	O	O	I	O	O
地山謙	●	O	O	I	O	O	O
地水師	●	O	I	O	O	O	O
地雷復	○	I	O	O	O	O	O

天風姤	●	O	I	I	I	I	I
沢天夬	○	I	I	I	I	I	O
雷天大壮	○	I	I	I	I	O	O
地天泰	○	I	I	I	O	O	O
地沢臨	○	I	I	O	O	O	O
地雷復	○	I	O	O	O	O	O

火風鼎	●	O	I	I	I	O	I
水天需	○	I	I	I	O	I	O
雷沢帰妹	○	I	I	O	I	O	O
地火明夷	○	I	O	I	O	O	O
地水師	●	O	I	O	O	O	O
地雷復	○	I	O	O	O	O	O

64卦	硬貨投げ（偶然）	〔決定論的之卦　$A_{n+1}=2A_n$〕					
巽為風	●	O	I	I	O	I	I
兌為沢	○	I	I	O	I	I	O
雷火豊	○	I	O	I	I	O	O
地風升	●	O	I	I	O	O	O
地沢臨	○	I	I	O	O	O	O
地雷復	○	I	O	O	O	O	O

山風蠱	●	O	I	I	O	O	I
水沢節	○	I	I	O	O	I	O
震為雷	○	I	O	O	I	O	O
地山謙	●	O	O	I	O	O	O
地水師	●	O	I	O	O	O	O
地雷復	○	I	O	O	O	O	O

天水訟	●	O	I	O	I	I	I
沢火革	○	I	O	I	I	I	O
雷風恆	●	O	I	I	I	O	O
地天泰	○	I	I	I	O	O	O
地沢臨	○	I	I	O	O	O	O
地雷復	○	I	O	O	O	O	O

九、64卦決定論的之卦表

64卦	硬貨投げ（偶然）	〔決定論的之卦　$A_{n+1}=2A_n$〕					
火水未済	●	O	I	O	I	O	I
水火既済	○	I	O	I	O	I	O
雷水解	●	O	I	O	I	O	O
地火明夷	○	I	O	I	O	O	O
地水師	●	O	I	O	O	O	O
地雷復	○	I	O	O	O	O	O

風水渙	●	O	I	O	O	I	I
沢雷随	○	I	O	O	I	I	O
雷山小過	●	O	O	I	I	O	O
地風升	●	O	I	I	O	O	O
地沢臨	○	I	I	O	O	O	O
地雷復	○	I	O	O	O	O	O

山水蒙	●	O	I	O	O	O	I
水雷屯	○	I	O	O	O	I	O
雷地豫	●	O	O	O	I	O	O
地山謙	●	O	O	I	O	O	O
地水師	●	O	I	O	O	O	O
地雷復	○	I	O	O	O	O	O

64卦	硬貨投げ（偶然）	〔決定論的之卦　$A_{n+1}=2A_n$〕					
天山遯	●	O	O	I	I	I	I
沢風大過	●	O	I	I	I	I	O
雷天大壮	○	I	I	I	I	O	O
地天泰	○	I	I	I	O	O	O
地沢臨	○	I	I	O	O	O	O
地雷復	○	I	O	O	O	O	O

火山旅	●	O	O	I	I	O	I
水風井	●	O	I	I	O	I	O
雷沢帰妹	○	I	I	O	I	O	O
地火明夷	○	I	O	I	O	O	O
地水師	●	O	I	O	O	O	O
地雷復	○	I	O	O	O	O	O

風山漸	●	O	O	I	O	I	I
沢水困	●	O	I	O	I	I	O
雷火豊	○	I	O	I	I	O	O
地風升	●	O	I	I	O	O	O
地沢臨	○	I	I	O	O	O	O
地雷復	○	I	O	O	O	O	O

九、64卦決定論的之卦表

64卦	硬貨投げ（偶然）	〔決定論的之卦　$A_{n+1}=2A_n$〕					
艮為山	●	O	O	I	O	O	I
坎為水	●	O	I	O	O	I	O
震為雷	○	I	O	O	I	O	O
地山謙	●	O	O	I	O	O	O
地水師	●	O	I	O	O	O	O
地雷復	○	I	O	O	O	O	O
天地否	●	O	O	O	I	I	I
沢山咸	●	O	O	I	I	I	O
雷風恒	●	O	I	I	I	O	O
地天泰	○	I	I	I	O	O	O
地沢臨	○	I	I	O	O	O	O
地雷復	○	I	O	O	O	O	O
火地晋	●	O	O	O	I	O	I
水山蹇	●	O	O	I	O	I	O
雷水解	●	O	I	O	I	O	O
地火明夷	○	I	O	I	O	O	O
地水師	●	O	I	O	O	O	O
地雷復	○	I	O	O	O	O	O

64卦	硬貨投げ（偶然）	〔決定論的之卦　$A_{n+1}=2A_n$〕					
風地観	●	O	O	O	O	I	I
沢地萃	●	O	O	O	I	I	O
雷山小過	●	O	O	I	I	O	O
地風升	●	O	I	I	O	O	O
地沢臨	○	I	I	O	O	O	O
地雷復	○	I	O	O	O	O	O

山地剝	●	O	O	O	O	O	I
水地比	●	O	O	O	O	I	O
雷地豫	●	O	O	O	I	O	O
地山謙	●	O	O	I	O	O	O
地水師	●	O	I	O	O	O	O
地雷復	○	I	O	O	O	O	O

乾為天	○	I	I	I	I	I	I
	○	I					
	○	I					
	○	I					
	○	I					
	○	I					

十、64卦決定論的之卦表についての検証

この決定論的之卦表により（とくにさいしょの沢天夬の卦を硬貨投げの○●で得た場合、A_0、A_1、A_2……と書いています）、硬貨投げの陰陽は、角A_0、A_1、A_2……のそれぞれ最初の卦（6爻）の並びと一致します。

硬貨投げの占筮によって得られた卦は全くの偶然の結果でありますが、角A_n（n＝1、2……）はその前の角の二倍であるという完全な決定論的な之卦の列になります。この決定論的な法則$A_{n+1}=2A_n$はパイこね変換（ロール状の）と同じです。完全に偶然な硬貨投げによる占筮は、決定論的なパイこねの結果と見られます。これで伏羲六十四卦次序図、円図すなわち64卦画には、成立の当初よりすでにカオスの中の法則が備わっていたことの証明になりました。

円図の乾より右回りに之卦を求めていっています。之卦表ではA_5はほぼ地雷復でおわり、A_4→A_5は、地水師→地雷復、地沢臨→地雷復が、ほぼ交互に現われています。地沢臨、地雷復、地水師は、A_n＝90°、180°、270°の特別な初期値なので、そこで卦は$A_{n+1}=A_{n+2}=\cdots\cdots=0°$となり之卦は止まります。沢天夬の卦の時だけ、$A_4$→$A_5$ 地雷復 → 坤為地まで進んでいます。ということは乾以外の卦

は、A_6まで進んだとすると、すべて坤為地に行きつくことになります。ＩＩＩＩＩＩ（乾）、○○○○○○（坤）から之卦表をはじめるには無理があり、乾の右隣りの沢天夬から之卦表を始めたのは至って自然な運りにおもいます。この之卦表から見えてきたことは、易経に書かれている「大なるかな乾元、万物資りて始む」（乾卦彖伝）「至れるかな坤元、万物資りて生ず」（坤卦彖伝）ということで、創造の源である乾は不変、不動にして之卦になることはなく周く卦に行きわたり、乾の大いなる天の気を受けた坤が他の卦の生みの親、之卦の帰着地になっているということです。

この64卦決定論的之卦表は、今後は硬貨投げによる占筮をした時などに活用して頂けたらとおもいます。先に硬貨投げで地雷復の卦を得た私は、地雷復のままか、あるいは坤為地の之卦を合わせて占断した方がよいかもしれません。この場合、占断は卦辞のみに頼ることになるので、さらに爻辞を活用したい場合は、再度6枚の硬貨（1枚だけ違う種類の硬貨を入れる）を掌の中でまぜて、念が入ったところで、下から6枚ならべて違う種類の硬貨が出た爻が、あなたの占断のキーワードになるかもしれません。

十一、二進法

円図の角の表わし方は、一つの円周（三六〇度）を半分、四半分、八半分、……というふうに割った区分け法でした。一円周の角度を1とする角度（分度器）を採用すると話が簡単になります。

円図の一番内側の円は二等分されていて、その半分の角度はそれぞれ$1/2$です。その外側の二番目の円は四等分されているので、それぞれの弧の角度は$1/4$です。以下同様に、$1/8$、$1/16$、……というふうに角度が分割され、それぞれ白と黒とに塗られています。縞の幅は内側から外側へいくにつれて$1/2$ずつ狭くなっています。$2=2^1$、$4=2^2$、$8=2^3$、$16=2^4$、……であるから、白と黒との縞の幅（角度）を内側から外側へ書き並べると

$$\frac{1}{2}、\frac{1}{2^2}、\frac{1}{2^3}、\frac{1}{2^4}、\cdots\cdots$$

となっています。

したがって、たとえば前節で扱った直線Aの傾きの角Ao= I I O I I O……（兌為沢）はこの表わし方では、数値（級数）

$$A_0 = \frac{1}{2} + \frac{1}{2^2} + \frac{0}{2^3} + \frac{1}{2^4} + \frac{1}{2^5} + \frac{0}{2^6} + \cdots\cdots$$

で表わされます。この上辺の分子の0と1は数字の0と1です。分子が0の項（$\frac{0}{2}$、$\frac{0}{2^2}$ など）は書かなくても同じですが、すべての項を書き並べた方が以下の話がわかりやすくなります。七節のA_0の表現に比べれば、〇は数字の0、Ⅰは数字の1でおきかえて、n番目の〇かⅠは、$\frac{0}{2^n}$か$\frac{1}{2^n}$でおきかえればよいことがわかります。

さて、A_0を二倍すると上辺の級数は各項が二倍されますので、たとえば$\frac{1}{2^3}$ は $\frac{1}{2^2}$ となり、上へ一つずれていきます。なおこのさいしょの$\frac{2}{2}$の1は一円周を表わしたものなので、一円周の部分はとり除けばよいことになります。

$$2A_0 = \frac{1}{2} + \frac{0}{2^2} + \frac{1}{2^3} + \frac{1}{2^4} + \frac{0}{2^5} + \frac{0}{2^6} + \cdots\cdots$$

となります。これは七節の$A_1 = 2A_0 =$ Ⅰ〇ⅠⅠ〇〇……（雷火豊（らいかほう））に相当します。

ここで用いた計算は、$\frac{1}{2}$、$\frac{1}{2^2}$、$\frac{1}{2^3}$、……をそれぞれの大きさの段（はしご、あるいは桁）として0と1との間の数値を表わす仕方になっています。これは$\frac{1}{10}$、$\frac{1}{10^2}$、$\frac{1}{10^3}$、……を桁とした十進法（ふつうの数の書き方）に対して、二進法とよばれています。コンピューターでは、ON、OFFの二つだけを用いて計算がおこなわれていますので、二進法が広く用いられています。二進法で表わした数値を括弧（……）で表わせば、右の例は

A_0＝（0.110110）、またA_1＝○ I ○ ○ I ○（坎為水（かんいすい））ならば、A_1＝（0.010010）

となります。

なお、たとえば、Aが$\frac{1}{2}$のときは

$$A=\frac{1}{2}+\frac{0}{2^2}+\frac{0}{2^3}+\frac{0}{2^4}\cdots\cdots（無限に）=0.5$$

であるが、これは実際上

$$A=\frac{0}{2}+\frac{1}{2^2}+\frac{1}{2^3}+\frac{1}{2^4}\cdots\cdots（無限に）=0.499\cdots\cdots$$

と区別できません。したがってどちらをとってもよいのですが、あとの方の表現（加えていくと下から近づく級数）を採用することにきめておけば、それでいいのです。これは、右の表わし方2A＝1とするよりも

$$A=\frac{1}{2}+\frac{1}{2^2}+\frac{1}{2^3}+\frac{1}{2^4}\cdots\cdots（無限に）=0.9999\cdots\cdots$$

を採用するのが自然だからです。

加えていくと下から近づく級数（無限に）＝0.9999……の数値からしても、純陰、純陽はあり得ないことになります。テント変換の陽と陰どちらを採用してもよい$\frac{1}{2}$の地点も同じことがいえるかもしれません。易経に64卦画を十二月に割り当てた十二消息卦というものがあります。

䷗十一月（地雷復）　䷒十二月（地沢臨）　䷊一月（地天泰）　䷡二月（雷天大壮）

䷪三月（沢天夬）　䷀四月（乾為天）　䷫五月（天風姤）　䷠六月（天山遯）

䷋七月（天地否）　䷓八月（風地観）　䷖九月（山地剥）　䷁十月（坤為地）

十二消息卦でいうと十月と十一月、四月と五月が陰と陽の境目にぁたります。この地点がテント変換では1－2のところに相当します。純陰、純陽になった瞬間、陰陽の動きは止まります。止まったところですべてのもが死滅します（陰陽の交わりによって動き変化する、それが易すなわち天地人、森羅万象の生命の源です）、（無限に）＝0.499……、（無限に）＝0.9999……が自然の数とする戸田氏の考察は、まったく易の理念にかなっています。その0.499……、0.9999……の人間の辿りつけない0.000000000……1のところに真理が隠されているようにおもいます。

十二、まとめ

陰と陽が交わることによって四季が生まれ、季節がめぐります。後漢（25—220）の鄭玄（127—200）の『易賛』に、易には一字で三つの意味があるといいます。一つめは易簡（たやすい）、二つめは変易（かわる）、三つめは不易（かわらない）ということです。宇宙、森羅万象、人間も含め日々刻々と変化しています。これが変易です。しかし、この変化の中にも星や惑星の運行のように、あるいは月の満ち欠けのような法則性が働いています。夏がおわると秋、秋のつぎには冬、冬のつぎには春と、それが不易です。そうした法則性を理解し分かっていると、今でもそうですが、太古では農耕するにも狩猟するにも大変人の暮らしに役立ちました。暦などはその人間が作り上げた集大成です。そうした天地の動きや流れの法則性を知っていると生きやすくしたがいやすい、それが易簡ということです。

これまで検証してきましたが、64卦画のなかにはカオスの中の法則があり、64卦画をさいしょに発見、あるいは解読しようとしてきた人たちは、現代のように理論的に分からないまでも、おそらく直感的にそのことを理解していたのではないでしょうか。64卦画のなかに宇宙の創生や、森羅万象、人間も含めた生命の誕生の鍵があるのではないかと。精子と卵子の受精卵は、円図で表わしているように2^{1}、2^{2}、2^{3}、2^{4}、2^{5}、2^{6}……で増殖していきます。そうして数周期を過ぎると、人間でいうと各器官を作り上げていきます。器官ができるまでは線形ですが、器官ができてしまうと、新陳代謝で細胞は死滅と再生をくり返していきます。その時に各器官の中で非線形のカオスが発生します。鳴門の渦潮のようにカオスの中に秩序があり、その秩序がまたカオスを発生させます。図6はパイこね変換、64卦画決定論的之卦から得られた表です。角度を二倍に変換させ、二倍が三六〇度を越えると、三六〇度引き戻す操作は、不規則できまった周期をもちません。この数列はカオスを表わしています。

古代中国の人々は64卦画を手に入れ、そこに宇宙の法則やそこに備わっている真理を読み解こうとしました。それは厳しい自然や戦争、あるいは人災や天災、あらゆる現実の苦難によりよく生きるための易簡の道をさがすためです。「易を作る者は、それ憂患あるか。」と易の解説書である繫辞下伝第七章に書かれています。彼らは彼らのもつ最高の叡智（えいち）と経験から、64卦画に卦名をつけ、八卦に分かち、象を割り当て、64卦画に卦辞を、また384爻に爻辞を付けました。一世紀に書かれた『漢書』の芸文志に「易の道は深し。人は三世を更（へ）、世は三古を歴（へ）たり」と書かれています。上古の伏羲、中古の文王・周公（親子で一人とみなす）、下古の孔子を指します。この三聖人が長い年月をついやしてやっと易経を完成させたということで、中国の最高の叡智で読み解かれたことの比喩にしているようにおもいます。

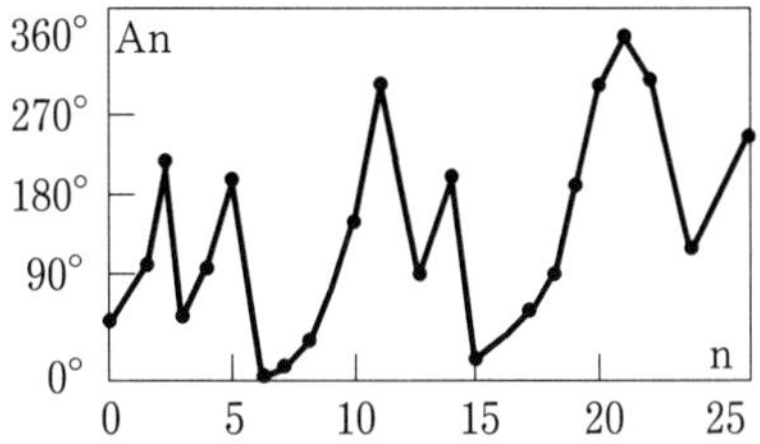

図6　カオスの例（An）

第三章　64卦画とライフゲーム

ライフゲームについてお話しする前に、これまで科学者や哲学者が人間や宇宙についてどう考えてきたかお話ししていこうと思います。なおこの章は、『物理学読本4　ソリトン、カオス、フラクタル』（戸田盛和著・岩波書店　一九九九年）から図版も含め転載、引用させて頂いております。また64卦画とライフゲームの卦辞、爻辞の訓読は、『易経講座　上・下』（本田済著・斯文会　二〇〇七年）によるものです。

一、生物は機械か

（一〜三節までの出典　前期『物理学読本4　ソリトン、カオス、フラクタル』〔212頁〜234頁〕）

〔デカルトの物心二元論〕

科学者のラプラス（1749―1827）、哲学者のデカルト（1596―1650）もカント（1724―1804）も、宇宙を一つの機械、時計仕掛けのような機械とみなす考え方をもっていました。これは現在にいたる科学的世界観を貫くものであると言えます。だが一方で思考能力をもった人間がやはり機械であると考えることは、困惑を感じます。デカルトは動物のからだのはたらきは物理の法則にしたがうという意味で、ほとんど完全に機械であると考えていたようです。しかし人間は別で、自分の存在を認識し、「我思う、故に我あり（コギト・エルゴ・スム）」とする心をもっていると考えたのです。いわゆるデカルトの物心二元論です。

生命をもったものが人工のものに比べて格段に複雑な組織をもち、複雑な振舞いをするのは確かです。そのため生物の機能が物理学や化学によって説明されるものなのか、あるいは物理学などの法則にしたがわない生命特有の魂とか生気とかいわれるものがある（生気論）のか、ということは長い間論争の種にもなってきました。

デカルトは晩年にスウェーデンのクリスチナ女王に招かれて移り住み、早朝に女王にご進講していたということです。ある日、女王から、「機械は自己複製できるのでしょうか。生命をもたないものが生命をもつものと同じように自己複製するのは見たこともありません。」と反問されたそうです。生命あるものは、子や卵を産み、自己複製していくことは生物の著しい特徴です。女王の発言は、デカルトらの動物機械論のもっとも痛いところを突いた素朴な疑問だったような気がします。デカルトはその後間もなく死に、自由主義のクリスチナ女王はやがて外国の外交官と恋に落ちて王位を棄てたとのことです。

デカルトが動物を機械仕掛けと考えたのは、振り子時計が作りはじめられ、歯車やゼンマイなどの工作が発達しだした時代背景があったように思います。ガリレイ（１５６４―１６４２）は振り子時計を設計しホイヘンス（１６２９―１６９５）はこれを実際に作り上げました。工作技術が進むにつれて一七世紀頃にはゼンマイ仕掛けで生き物のように動く人形や動物が作られて人びとを驚かせました。ロボットが出現したのです。織物産業の発達につれて自動織機が発明され、鉄道の進歩により自動的にはたらく安全装置などが考案されました。蒸気機関につけられたエンジンの回転速度によって蒸気の圧力を自動的に制御するガバナーなどはその一つです。このような自己調整機構は一般にフィードバック制御機構として抽象化されました。生物のすぐれた制御機構を機械システムの制御に応用する学問はサイバネティックスとよばれ、二〇世紀はじめにアメリカのウィーナー（1894―1964）によって樹立されました。

電車の切符やジュースを買うのに自動販売機を使います。銀行で入金などの際にも同様の機械のお世話になるし、装置によっては声を出して案内もしてくれます。このようにある状態（入力）をきめるとそれに応じて次の状態（出力）が自動的に定まる装置やゲームなどをオートマトンといいます。これはもとは自動人形を意味する言葉ですが、自動販売機やコンピューターなどもオートマトンです。

〔コンピューターは恋をするか〕

しかしいくらオートマトンやロボットが生物に似た行動をしても、それが生物と同じであるとは思えないと、言えるでしょうか。少し前までは人工的な機械は鉄などのいわゆる無機質な材料で作られていて、本当の生物のように有機物で作られたものではないと言われました。有機物は生物だけが作るものと思われていた時代があったのです。ところが二〇世紀前半には有機物がほとんど自由に合成されるようになり、無機物は無生物、有機物は生物という区別は完全に取り払われてしまいました。

それでも、人工的な装置はいくつかの点で生物と異なるところがあるようです。その一つは、愛とか恐怖などの感情、あるいは自由意志とか思いやりなどを伴った行動です。これらは生物の特徴であって、人工的な装置にはないと考えるのが常識でしょう。しかし、これは本当でしょうか。それとも人間の思い上がりにすぎないのでしょうか。

この問題は大変むずかしいように思われます。懐疑的に考えてみると、自分と親しい隣人とが本当に同じように感じたり考えたりするということを確かめる方法はないように思われます。自分以外の人や物の存在さえも疑わしいとする観念論もあるのです。見えるもの聞こえるものは、すべて夢であるかも知れないと疑うこともできます。まして、隣人やペットが自分と同じように感じているのかどうかは、確かめる手段もないでしょう。人工の機械やコンピューターが人間と同じように喜んだり悲しんだり、恋愛をしたり、あるいは我々と心の交流をもったりすることができるようになるかという問題は、人間自身の心に関する疑問が解き明かされなければ答えられないでしょう。客観的な心の存在は物理学における空間・時間の存在のように学問の出発点として仮定されなければならない事柄で、からだの機能が物理学にしたがうという事柄より高い次元であると思われます。

コンピューターの基本的な枠組を考察したイギリスの数学者チューリング（１９１２－１９５４）は、機械が思考できるかどうかを調べる「チューリングマシン」でも知られています。この方法では人間と区別しにくいほどすぐれたコンピューターを仮定します。ある人間が別の部屋にいる他の人およびコンピューターと通信を介して会話をしたとき、もしも他の人とコンピューターの応答が見分けられなければ、そのコンピューターは思考していると判断できる、というようなテストです。すぐれたコンピューターは記憶し、それをもとに学習することができるでしょう。実際、スマホ一つとってみてもその人の使用するデータを管理し、会話でのやり取りも当たり前にできるようになってきました。人工知能（ＡＩ）が世界最強とされる囲碁棋士を破る時代です。生物と人工的な機械とのちがいが次第になくなってきています。

〔セルオートマトン〕

さらに生物の特徴とされている自己複製について考えましょう。

オートメーションの工場で機械が作り出す物体はその機械本体よりも簡単である、というのが従来の常識でした。しかしもう一歩向上した機械は、自分自身と同じものを製造することも可能になるでしょう。

ハンガリーからアメリカへ移住した数学者のフォン・ノイマン（１９０３－１９５７）は天才的な数学者でしたが、彼が晩年に熱心に追及したのは生物と無生物を統一する論理の発見であったといわれています。具体的には自己複製をする機械が可能であることを証明しようとしたのです。

ハンガリーからノイマンを頼りにアメリカへ移住した数学者にウラム（１９０９－１９８４）という人がいました。彼は碁盤の目のような平面の空間に石を置くと、ある規則によって次に石を置く配置がきまる、という一種のひとり遊びのゲームを考え出しました。石が規則にしたがって置かれたり取り除かれたりするにつれて、碁盤上の石のパターンは発展したり消滅したりします。異なる規則を設定すれば石のパターンは全くちがった変化をします。

ウラムに続いて多くの人がいろいろの規則をためしました。ある規則では雪の結晶のようなパターンが発展するのがみられました。またある別の規則では、樹木の枝のように発展するパターンがみられました。

規則を定めればつぎつぎに次のパターンが決定されますから、その変化は決定論的です。ゲームの規則は碁盤上に一つの決定論的な世界を設定したことになり、規則はこの世界を支配する法則と考えることができます。このようなゲームを**セルオートマトン**とよびます。

物理学の法則は自然によって与えられたものですが、これに対してセルオートマトンの規則は人間が設定したものです。これらをたがいに平行するものと考え、物理学の世界をセルオートマトンの世界にたとえることもできます。

バクテリアの集団や生物の集団は特定の環境のもとで法則性を示しますが、セルオートマトンの世界はこのような生態系にたとえることもできます。

ノイマンはセルオートマトンが自己複製の能力をもつことを論理的に証明したそうです。しかしこれはたいへん複雑で、単純化した碁盤上の世界でさえ、自己複製のパターンを実現するには約二〇万個のセル（碁盤の目、細胞）が必要だそうですが、ノイマンの証明が完全だとすると、自己複製の能力をもつ機械は実現可能であると断言することができるわけです。またクリスチナ女王の疑問によようやく回答が得られたことになります。

しかし自己複製機械が存在し得ることは、簡単なセルオートマトンで示すことができます。次に述べるライフゲームがそれです。

二、ライフゲームの世界

ゲームといいますが、ライフゲームは戦う相手のいない遊び、つまりひとり遊びの一種です。ひとり遊びにはおそらく大むかしから伝わってきたトランプ占いなどのゲームがあり、このゲームの一つの特徴は、トランプを切って並べはじめたときに将来の運命がきまっているところにあると思います。このゲームでは定められた規則にしたがって決定論的に運命が展開されます。

培養器の中のバクテリアの増殖においても、生命体の組織形成の現象においても、たとえばＤＮＡが組織を作り上げる過程のように本質的な事柄は自己に内在する生成法則にしたがって発展するものと思われます。科学の立場では、一見複雑に見える現象でも実は簡単な法則から生じるにちがいないという信念で物事を考えます。ライフゲームは簡単な規則にしたがう決定論的な過程を仮定し、生物に見られる誕生、自己形成、死滅といった複雑な現象に似た結果が生じることを確かめるシミュレーションの一種です。

これは一九七〇年頃にイギリス、ケンブリッジ大学の若い数学者コンウェイ（１９３７—）によって発明され、有名な科学ジャーナリストのガードナー（１９１４—２０１０）によって一九七〇年、一九七一年に『サイエンティフィック・アメリカ』誌上で紹介されて非常に大きな反響をまきおこしました。多くの読者、愛好家によってつぎつぎと新しいパターン形成が見出されて、このゲームが大流行したのです。ウィリアム・パウンドストーン（1955—）の『ライフゲイムの宇宙』（有沢誠訳・日本評論社）にすばらしい解説があります。ライフゲームはたいへん重要なものを含むと思うので、これらの記述を参考にしながら紹介することにしましょう。

ライフゲームは碁盤のように正方形の目（セル）をもった広い二次元の平面上で、一種類（たとえば黒）の石を用いておこなわれます。

まず石の簡単な配列からはじめます。コンウェイはくりかえし実験して、次の規則を選びました。

任意にとった一つのマス目■に対し、これに隣接する縦横四つのマス目と斜め方向の四つのマス目の合計八つのマス目を隣接セル（ムーア近傍）とよぶ。

まずいくつかのマス目を選んで適当な形に■（ブロック）を置く。そして置かれた■に対し、次の規則にしたがって新たにブロックを置いたり、置かれていたブロックを取り除いたりする。このプロセスを繰り返します。

規則1　一つの■の隣接セルに二個、あるいは三個の石があればその■は生き残る（生残り）。

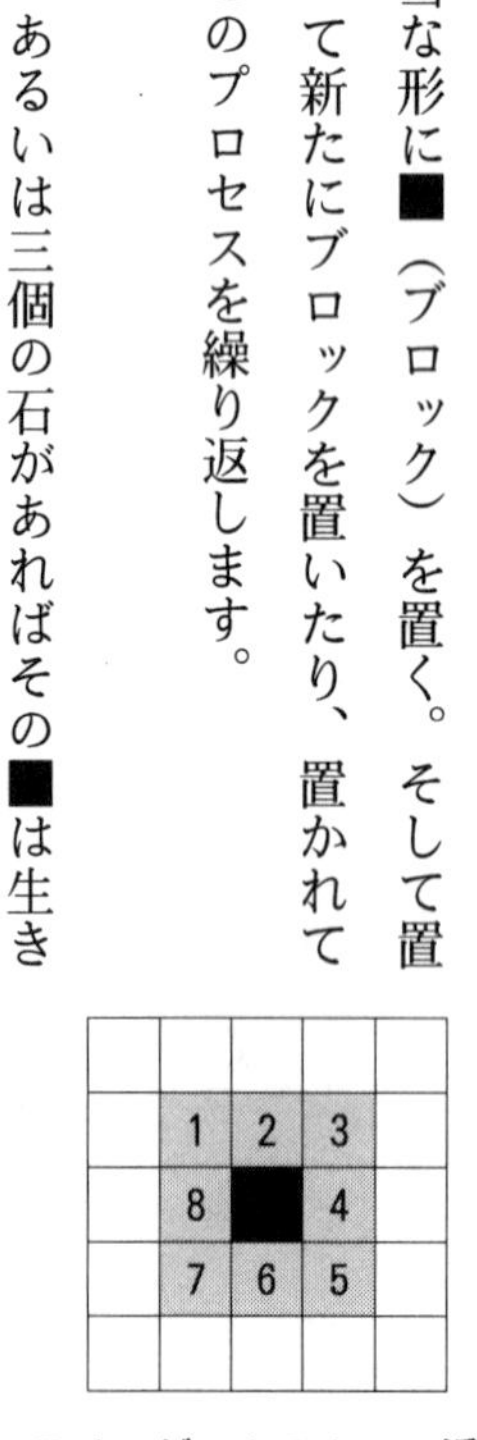

ライフゲームのムーア近傍

規則2　一つの■の隣接セルに■が全くないか、ただ一個しか■がないとき、その■は死ぬ（取り除かれる）。
　　　——さみしくて死ぬ（消滅）。
規則2′　ある■の隣接セルに四個、あるいはそれ以上たくさんの■があるときは、その■は死ぬ（取り除かれる）。
　　　——混みすぎると死ぬ（消滅）。
規則3　■が存在しないマス目で、その隣接セルにちょうど三個の■があるとき、そのマス目には新たに■を一つ置く（誕生）。
　ただし、規則1から3までの操作は、すべてのマス目について同時におこなわれる。

今ではネットでライフゲームの無料アプリがわけなく手に入ります。興味のある方はぜひ試して頂きたいです。コンウェイがこのゲームを発明したときは碁盤と駒を用い一つ一つの操作を手で実行したそうです。t（時間）＝0、t＝1、t＝2、t＝3、t＝4、t＝5、t＝6……と刻々と移り変わるセルの生滅を追っていくのは、さぞ根気と忍耐のいる仕事だったと思います。またそれと同時に生命、あるいは人類の盛衰を見ているような、次の瞬間のセルの配置は、トランプ占いのようなドキドキ感もあったはずです。

三、64卦画とライフゲームについて

先のカオスの章のパイこね変換、コイン投げの法則の中にもすでに64卦画が潜んでおりました。易と物理学の近似に驚くばかりです。今度はライフゲームの中に64卦画を当てはめてみました。卦画は64パターンの決定論的な運命の展開をしめします。

なお64卦画をライフゲームに当てはめるにあたって、64卦画は下から変化してゆくものとし、たとえば䷻（水沢節）なら、t＝0 本の原卦、t＝1 初爻変、t＝2 二爻変、t＝3 三爻変、t＝4 四爻変、t＝5 五爻変、t＝6 上爻変として、ライフゲームのパターンの推移を表わしています。（なお乾と坤は、用九、用六があるため、t＝7まで求めています。）t＝6、7後のパターンの変化については、セルがｏｆｆ（消滅）になるまでの変爻時刻まで、あるいはある状態でのパターンの繰り返し（振動子）もしくは固定するまでの変爻時刻まで求めています。

左の水沢節ならば、t＝0 本の原卦、t＝1 初爻変、t＝2 二爻変、t＝3 三爻変、t＝4 四爻変、t＝5 五爻変、t＝6 上爻変と変化し、その後 t＝29→t＝30→t＝31とパルサーと名付けられている3周期の振動子を何回も永久に繰り返します。

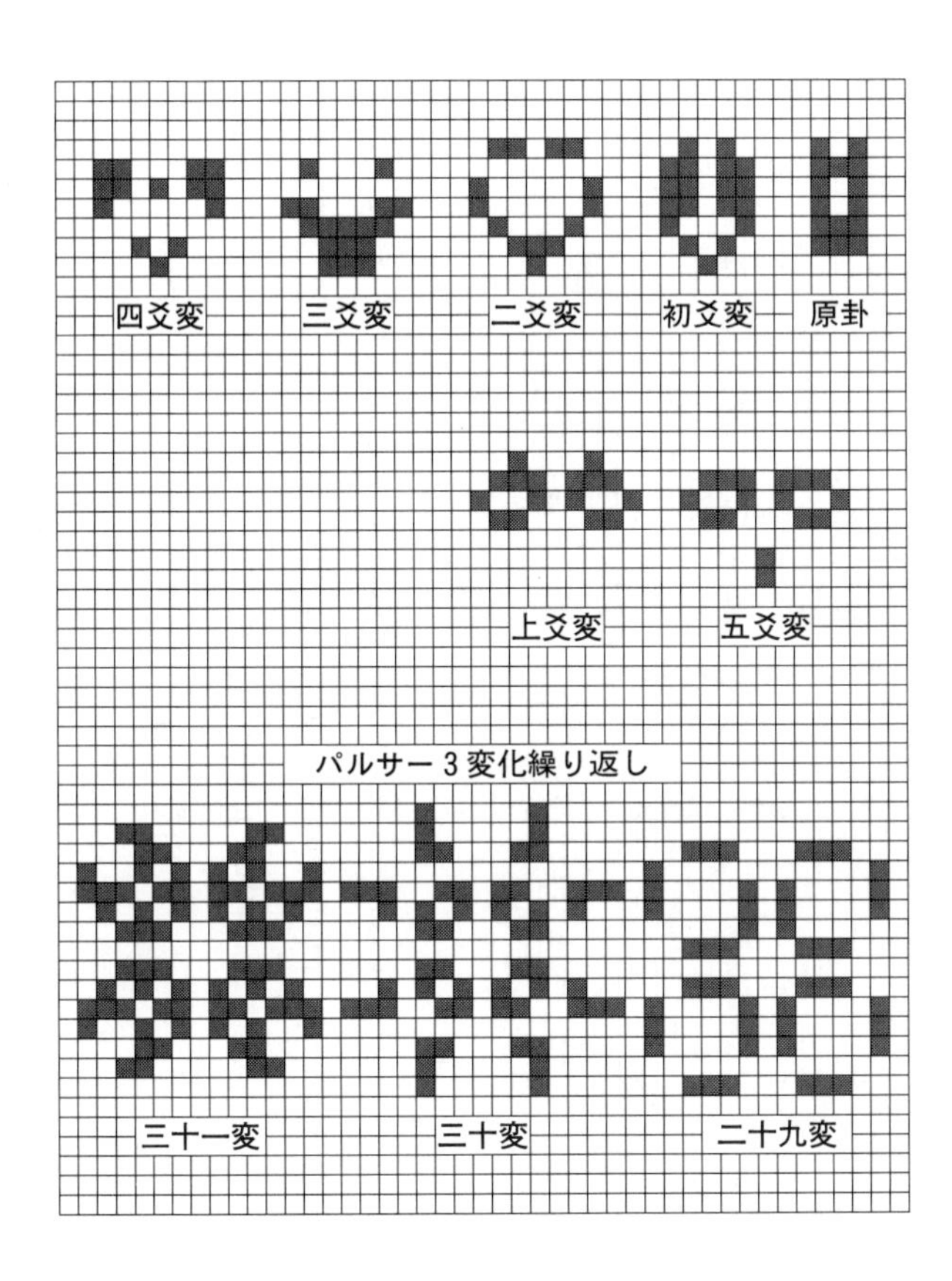
四爻変
三爻変
二爻変
初爻変
原卦
上爻変
五爻変
パルサー３変化繰り返し
三十一変
三十変
二十九変

四、ライフゲームでよく現われるパターン

ブリンカーが十字なると、「交通信号（traffic light）」蜂の巣が上下四つ出現すると、「養蜂場（honey farm）」先ほどの水沢節の64卦画で出現した「パルサー（pulsar）」は3周期の振動子乾卦などに出現する「ブロックと養蜂場」の合体などなど。

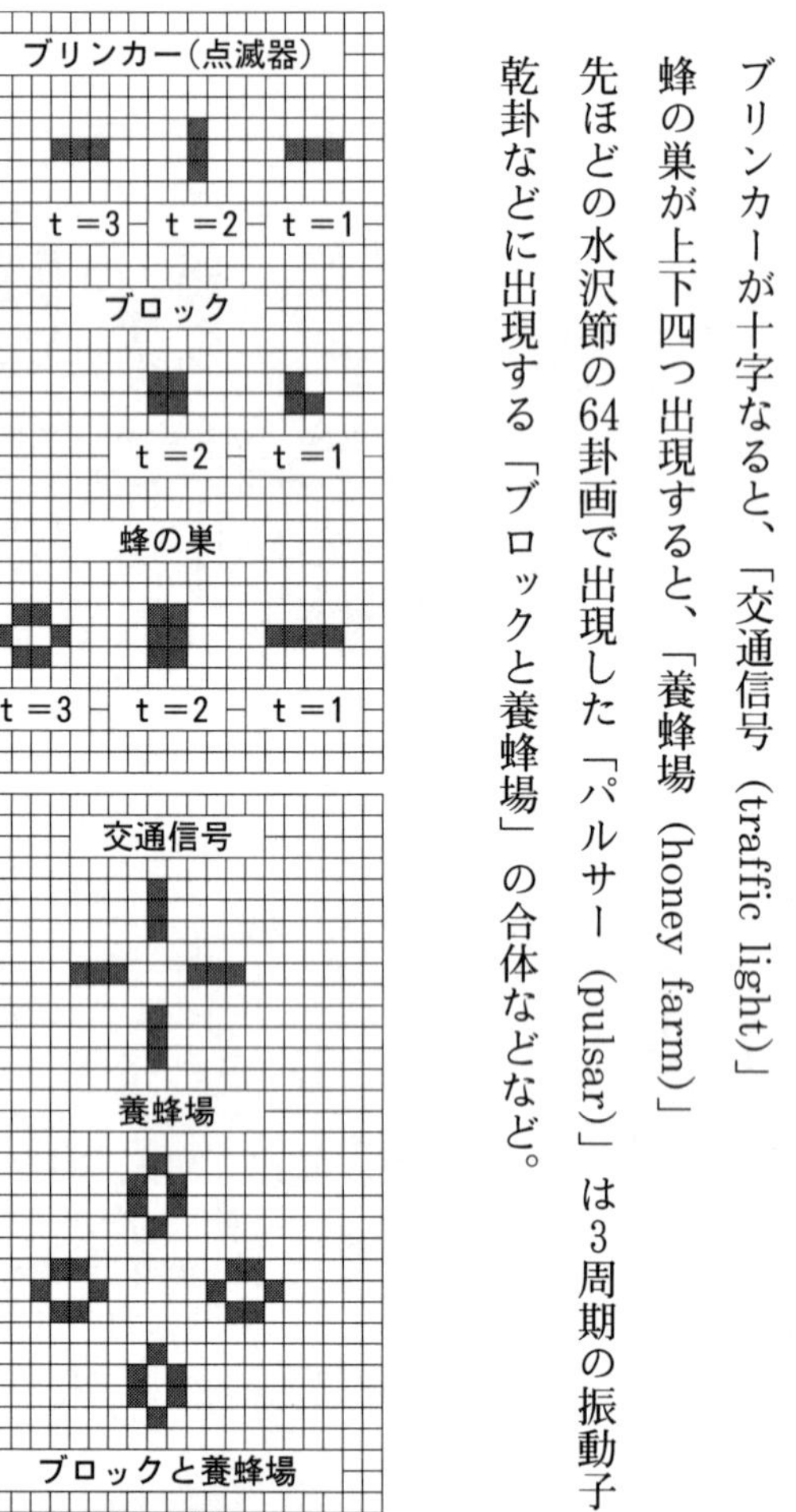

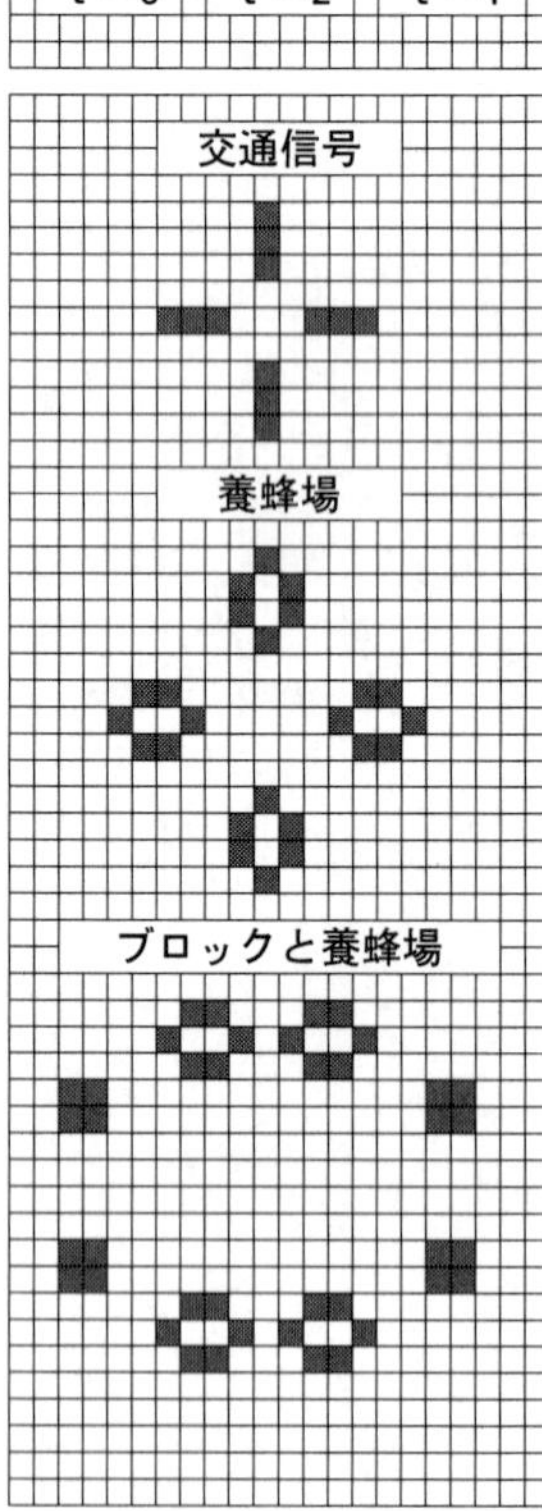

五、64画卦（卦辞、爻辞）とライフゲーム

乾為天

卦辞　【乾は、元いに亨る。貞しきに利あり。】

爻辞

初九〔潜龍　用うる勿れ。〕

九二〔見龍　田に在り。大人を見るに利あり。〕

九三〔君子は終日乾乾、夕べまで惕若たり。厲けれども咎无し。〕

九四〔或は躍りて淵に在り。咎无し。〕

九五〔飛龍　天に在り。大人を見るに利あり。〕

上九〔亢龍　悔い有り。〕

用九〔群龍を見る。首たる无ければ、吉。〕

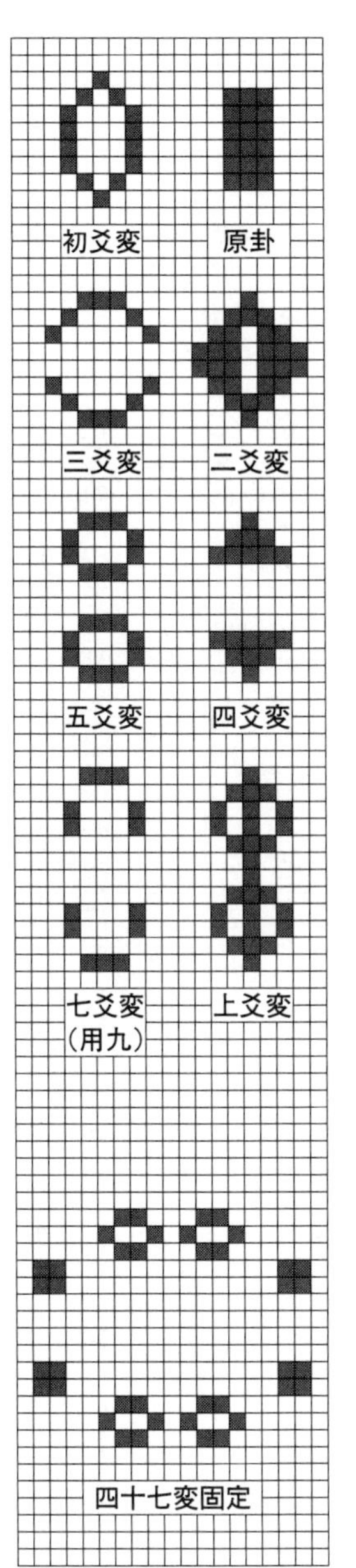

坤為地

卦辞

【坤は、元いに亨る。牝馬の貞に利あり。君子　往く攸有り。先んずれば迷い、後るれば得て、利を主る。西南に朋を得、東北に朋を喪う。安貞にして吉なり。】

爻辞

初六〔霜を履んで堅冰至る。〕

六二〔直・方・大。習わざるも利せざる无し。〕

六三〔章を含む。貞にす可し。或は王事に従う。成すこと无くして終り有り。〕

六四〔嚢を括りたる。咎も无く、誉れも无し。〕

六五〔黄裳にして元吉なり。〕

上六〔龍　野に戦う。其の血　玄黄。〕

用六〔永貞に利あり。〕

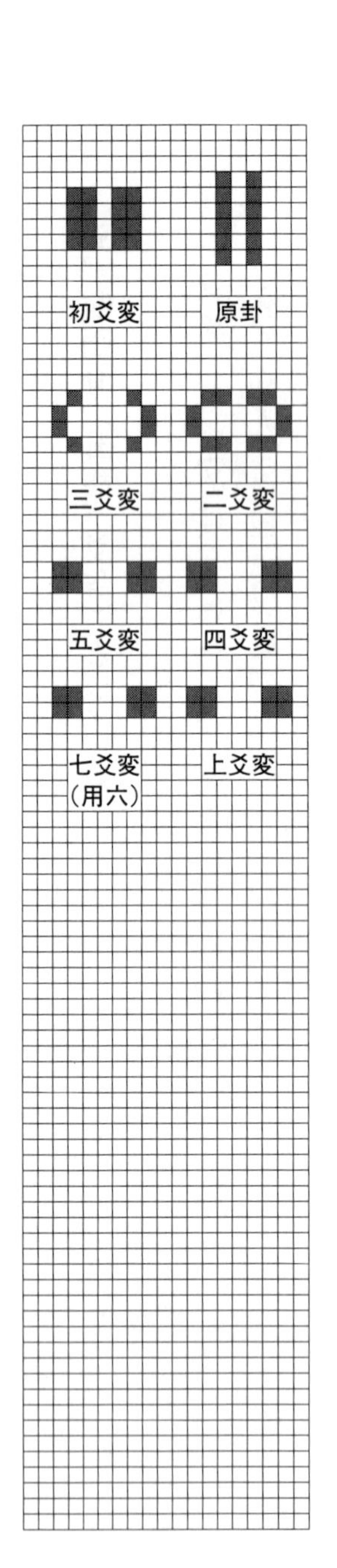

水雷屯

卦辞

【屯は、元いに亨る、貞しきに利あり。用て往く攸有る勿れ。侯を建つるに利あり。】

爻辞

初九〔磐桓す。貞に居るに利あり。侯を建つるに利あり。〕

六二〔屯如たり、邅如たり、乗馬班如たり。寇するに匪ざれば、婚媾せん。女子貞にして字せず。十年乃ち字す。〕

六三〔鹿に即くに虞无し。惟だ林中に入る。君子幾をみて舎くに如かず。往けば吝。〕

六四〔乗馬班如たり。婚媾を求む。往けば吉。利あらざる无し。〕

九五〔其の膏を屯む。小貞なれば吉。大貞なれば凶。〕

上六〔乗馬班如たり、泣血漣如たり。〕

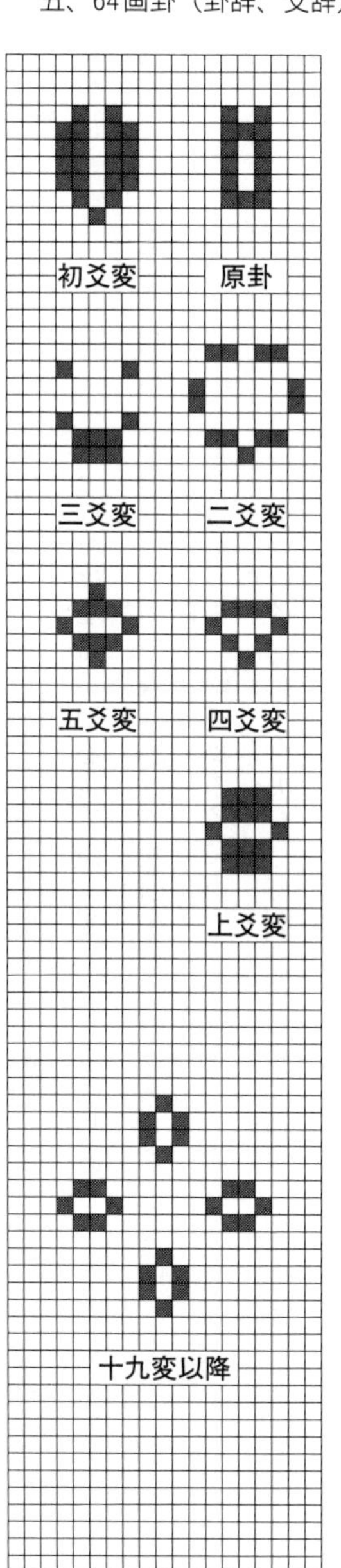

山水蒙　卦辞

【蒙は、亨る。我　童蒙を求むるに匪ず。童蒙　我に求む。初筮なれば告ぐ。
再三なれば瀆る。瀆るれば告げず。貞しきに利あり。】

爻辞

初六〔蒙を発く。用て人を刑し、桎梏を説くに利あり。以て往けば吝。〕

九二〔蒙を包ぬ、吉。婦を納るるに吉。子　家を克くす。〕

六三〔用て女を取る勿れ。金夫を見て躬を有たず。利する攸无し。〕

六四〔蒙に困しむ。吝。〕

六五〔童蒙。吉。〕

上九〔蒙を撃つ。寇を為すに利あらず。寇を禦ぐに利あり。〕

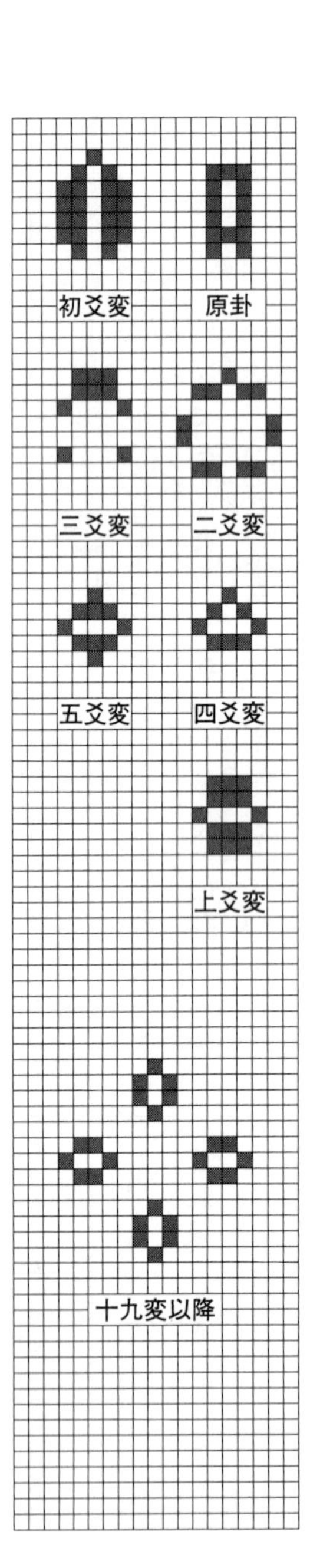

水天需

卦辞　【需は、孚有れば、光き亨る。貞しくして吉。大川を渉るに利あり。】

爻辞

初九〔郊に需つ。恒を用いるに利あり。咎无し。〕

九二〔沙に需つ。小しく言有り。終に吉。〕

九三〔泥に需つ。寇の至るを致す。〕

六四〔血に需つ。穴より出づ。〕

九五〔酒食に需つ。貞しくして吉。〕

上六〔穴に入る。速かざるの客三人有りて来る。之を敬えば、終に吉。〕

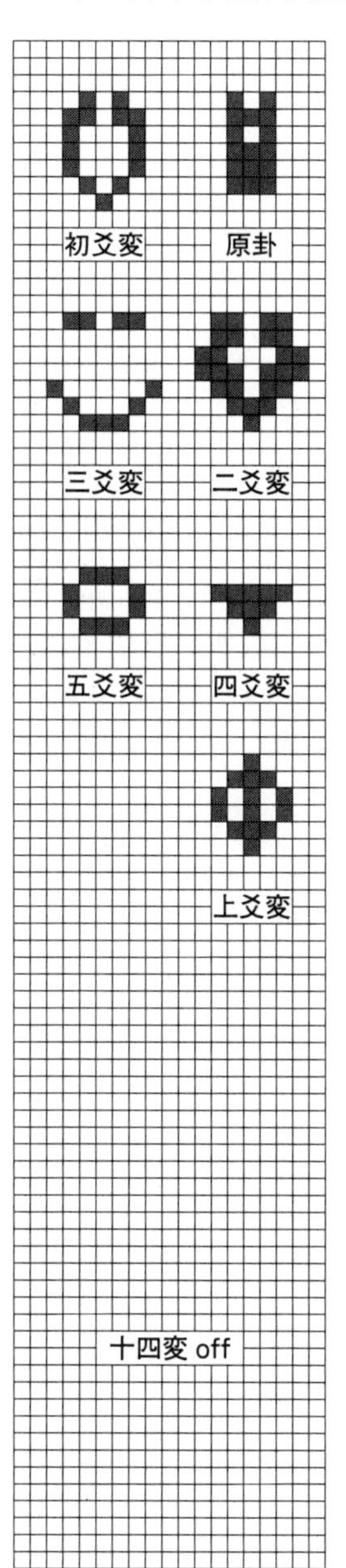

天水訟

卦辞

【訟は、孚有れど窒がる。惕る。中すれば吉。終うれば凶。大人を見るに利あり。大川を渉るに利あらず。】

爻辞

初六〔事とする所を永くせず。小しく言有れど、終に吉。〕

九二〔訟に克たず。帰りて逋る。其の邑人三百戸。眚无し。〕

六三〔旧徳に食む。貞し。厲けれど、終に吉。或は王事に従う。成る无し。〕

九四〔訟に克たず。復りて命に即き、渝りて安貞なれば、吉。〕

九五〔訟え元吉なり。〕

上九〔或は之に鞶帯を錫う。朝を終うるまでに三たび之を褫う。〕

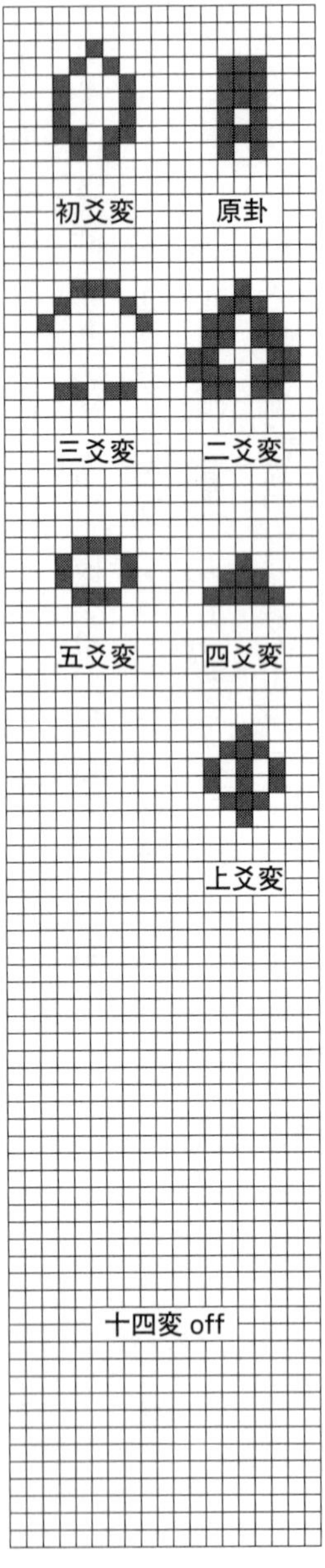

原卦

初爻変

二爻変

三爻変

四爻変

五爻変

上爻変

十四変 off

地水師

卦辞

【師は、貞。丈人なれば、吉にして咎无し。】

爻辞

初六〔師出づるに律を以てす。否ざれば、臧くとも凶。〕

九二〔師中に在り。吉にして咎无し。王三たび命を錫う。〕

六三〔師　或は尸るもの輿し。凶。〕

六四〔師　左次す。咎无し。〕

六五〔田に禽有り。執言に利あり。咎无し。長子　師を帥いる。弟子　尸るもの輿しければ、貞しけれど凶。〕

上六〔大君　命有り。国を開き家を承く。小人　用うる勿れ。〕

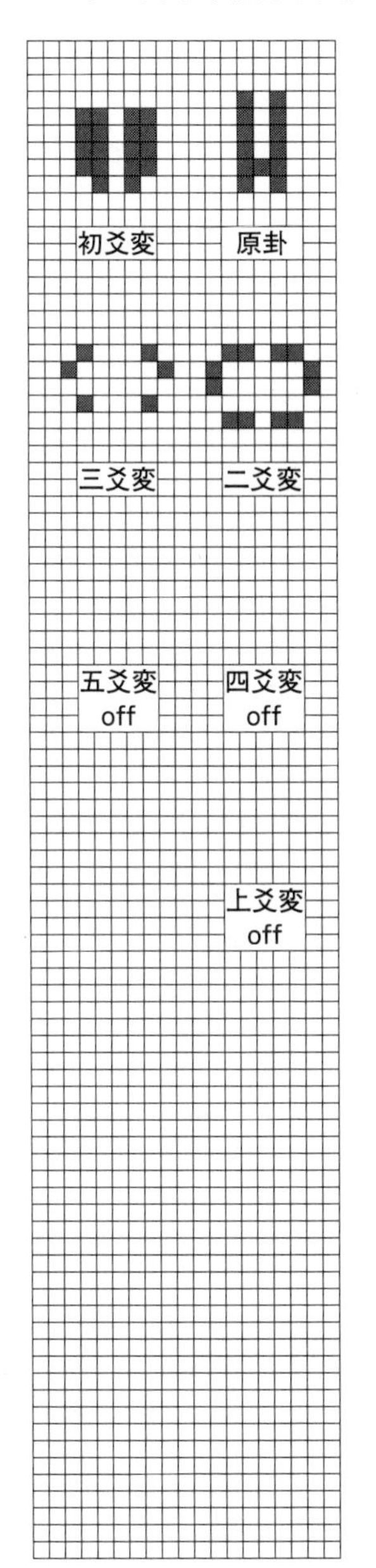

水地比

卦辞

【比は吉。原ね筮え。元・永・貞なれば、咎无し。寧からざるもの方に来る。後るれば夫も凶。】

爻辞

初六〔孚有りて之に比す。咎无し。孚有りて缶に満つ。終に来りて他の吉有らん。〕

六二〔之に比するに内よりす。貞にして吉。〕

六三〔之に比する、人に匪ず。〕

六四〔外 之に比す。貞にして吉。〕

九五〔比を顕かにす。王 用て三駆し、前禽を失す。邑人誡めず。吉。〕

上六〔之に比する、首无し。凶。〕

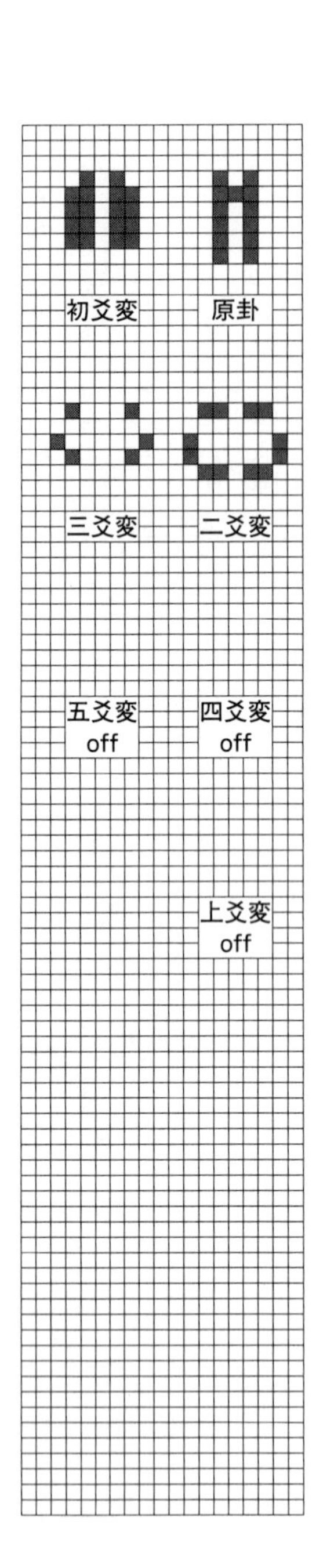

風天小畜　卦辞

【小畜は亨る。密雲して雨ふらず。我が西郊よりす。】

爻辞

初九〔復ること道よりす。何ぞ其れ咎あらん。吉。〕

九二〔牽いて復る。吉。〕

九三〔輿　輻を説く。夫婦　反目す。〕

六四〔孚有り。血去り、惕れ出づ。咎无し。〕

九五〔孚有りて攣如たり。富　其の鄰と以にす。〕

上九〔既に雨ふり既に処る。徳を尚んで載つ。婦　貞にして厲し。月　望に幾し。君子征けば凶。〕

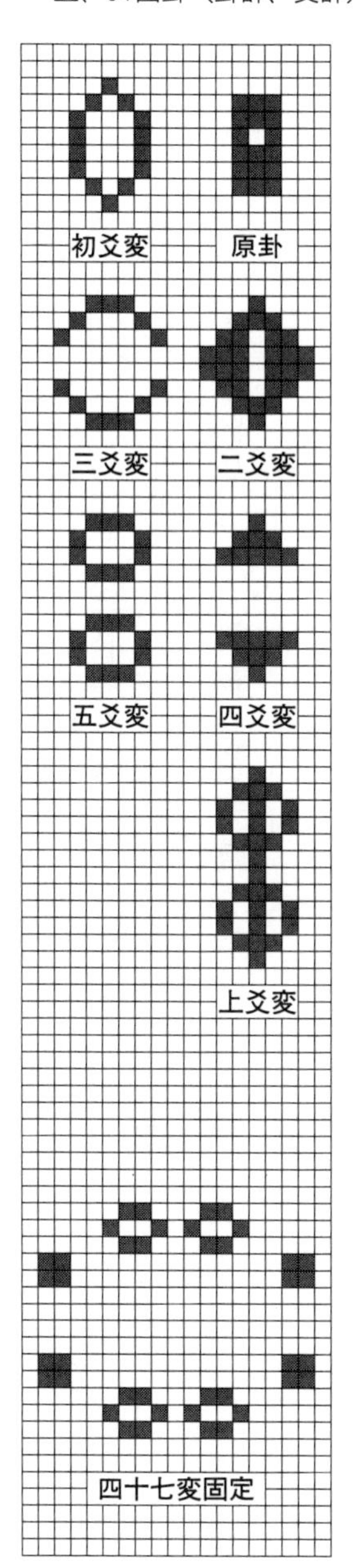

天沢履

卦辞　【虎の尾を踏む。人を咥わず。亨る。】

爻辞　初九〔素より履む。往けば咎无し。〕

九二〔道を履むこと坦坦たり。幽人なれば、貞にして吉。〕

六三〔眇能く視る。跛能く履む。虎の尾を履む。人を咥う。凶。武人にして大君と為る。〕

九四〔虎の尾を履む。愬愬たれば、終に吉。〕

九五〔夬めて履む。貞しけれど厲し。〕

上九〔履むを視て祥を考う。其れ旋るときは元吉。〕

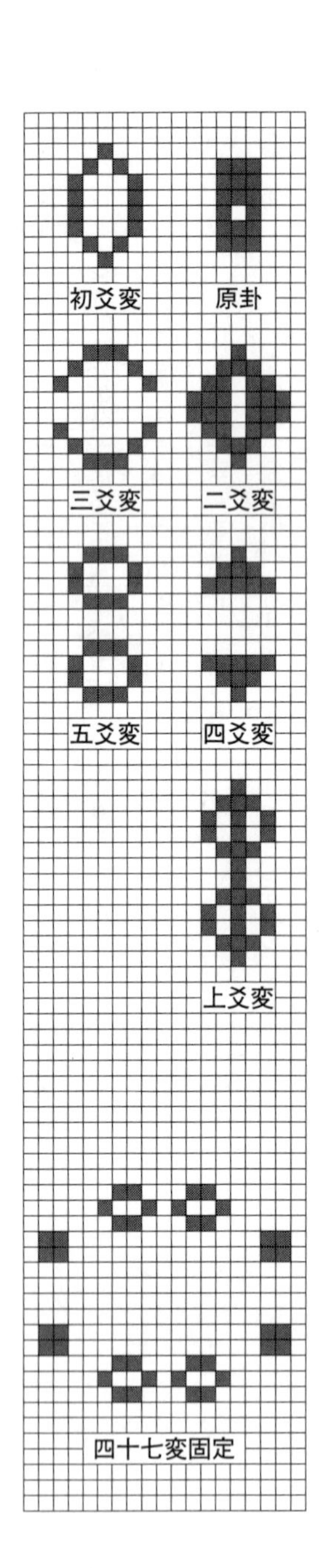

地天泰

卦辞　【泰は、小往き大来る。吉にして亨る。】

爻辞

初九〔茅を抜くに茹たり。其の彙と以にす。征けば吉。〕

九二〔荒を包ね、馮河を用う。遐きを遺れず、朋亡う、中行に尚うを得たり。〕

九三〔平らかにして陂かざる无く、往きて復らざる无し。艱貞なれば、咎无し。恤うる勿れ、其れ孚あり。食に于いて福有り。〕

六四〔翩翩として富まず。其の鄰と以にす。戒めずして以て孚あり。〕

六五〔帝乙妹を帰がしむ。祉を以てす、元吉。〕

上六〔城隍に復る。師を用うる勿れ。邑より命を告ぐ。貞なれども吝。〕

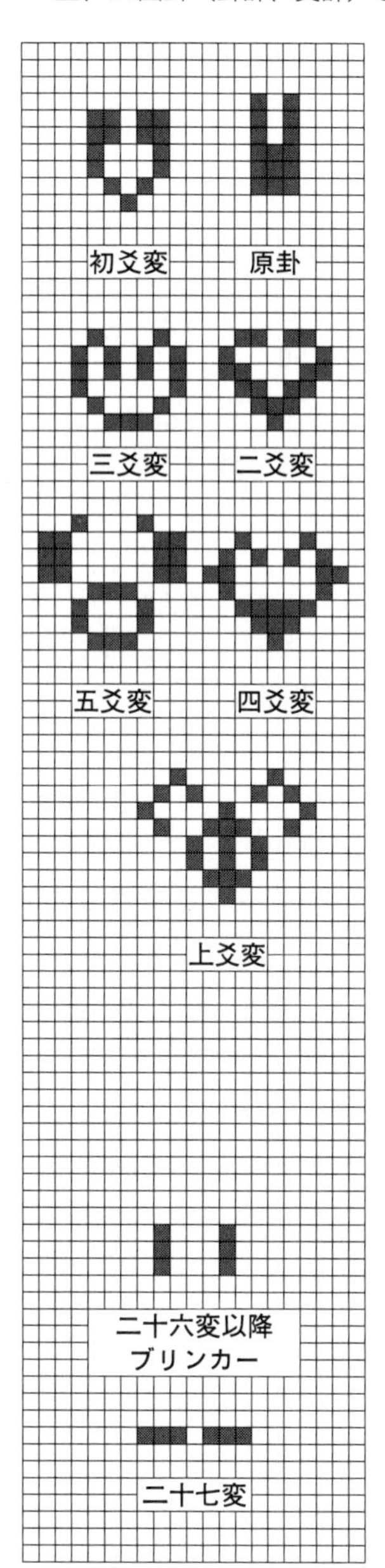

天地否

卦辞

【否の人に匪ざる、君子の貞に利あらず。大往き小来る。】

爻辞

初六〔茅を抜くに、茹たり。其の彙と以にす。貞なれば吉にして亨る。〕

六二〔包承す。小人は吉なり。大人は否にして亨る。〕

六三〔包羞す。〕

九四〔命有りて咎无し。疇　祉に離く。〕

九五〔否を休む。大人の吉なり。其れ亡びなん、其れ亡びなんといいて、苞桑に繋れり。〕

上九〔否を傾く。先には否がり、後には喜ぶ。〕

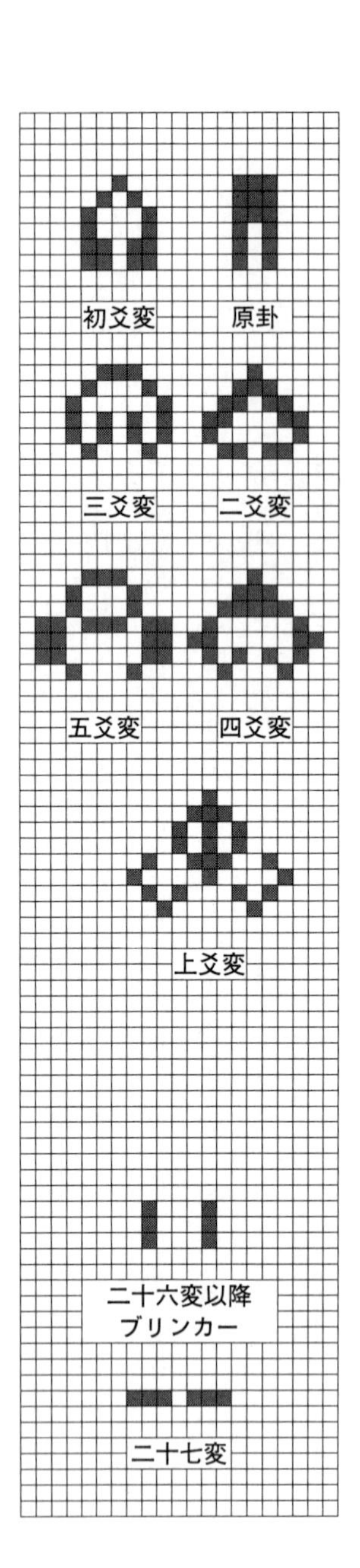

天火同人

卦辞

【人に同じくするに野に于いてす。亨る。大川を渉るに利あり。君子の貞に利あり。】

爻辞

初九〔人に同じうするに門に于いてす。咎无し。〕

六二〔人に同じうするに宗に于いてす。吝なり。〕

九三〔戎を莽に伏す。其の高陵に升る。三歳まで興さず。〕

九四〔其の墉に乗る。攻むるに克たず。吉。〕

九五〔人と同じうするに、先には号び咷いて、後には笑う。大師克ちて相遇う。〕

上九〔人に同じうするに郊に于いてす。悔い无し。〕

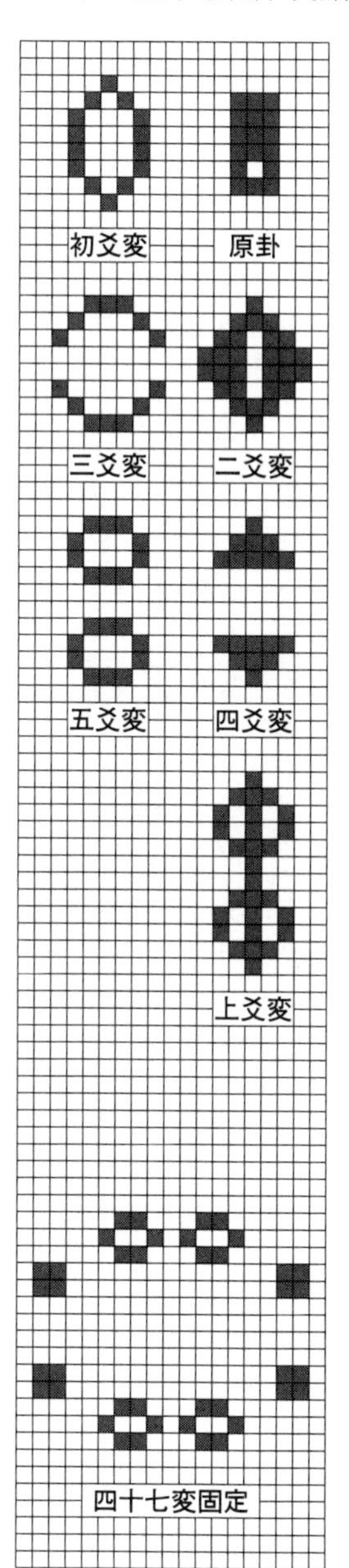

火天大有

卦辞　【大有は、元いに亨る。】

爻辞

初九〔害に交る无し。咎あるに匪ず。艱むときは則ち咎无し。〕

九二〔大車以て載す。往く攸有り、咎无し。〕

九三〔公　用て天子に亨る。小人は克わず。〕

九四〔其の彭んなるに匪ざれば、咎无し。〕

六五〔厥の孚あって交如たり。威如たるときは吉なり。〕

上九〔天より之を祐く。吉にして利あらざる无し。〕

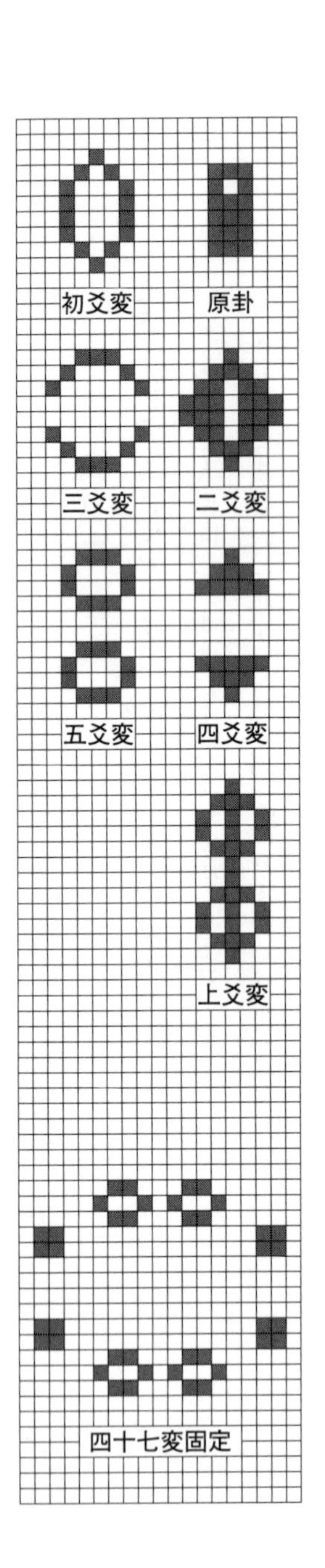

地山謙

卦辞　【謙は亨る。君子は終り有り。】

爻辞

初六〔謙謙たる君子、用て大川を渉る。吉なり。〕

六二〔鳴謙す。貞吉。〕

九三〔労謙たる君子、終り有り。吉。〕

六四〔謙を撝すに利あらざる无し。〕

六五〔富まず、其の鄰と以にす。用て侵伐するに利あり。利あらざる无し。〕

上六〔鳴謙す。用て師を行り、邑国を征するに利あり。〕

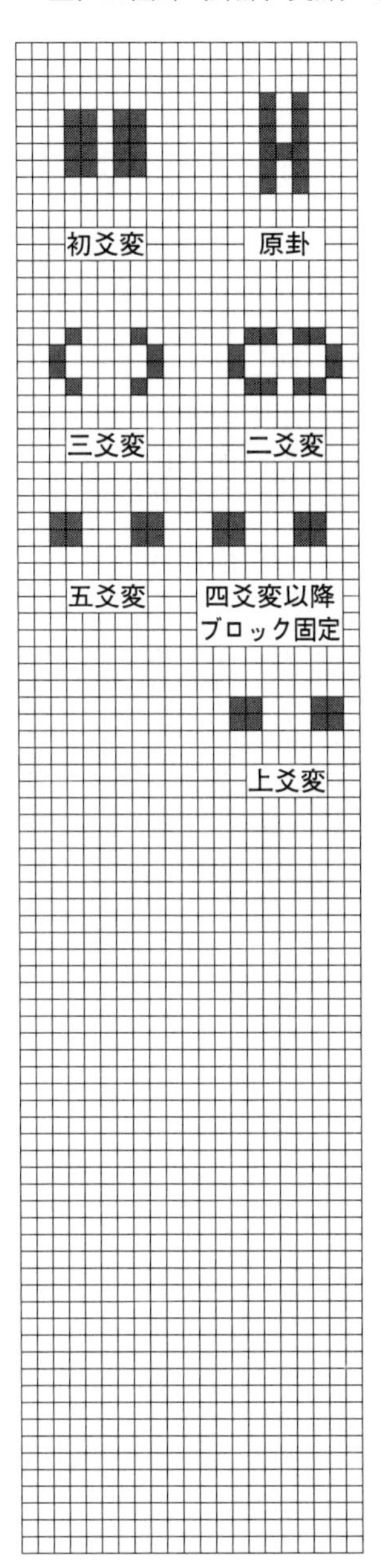

雷地豫

卦辞　【豫は、侯を建て師を行るに利あり。】

爻辞

初六〔鳴豫す。凶なり。〕

六二〔石に介たり。日を終えず。貞にして吉。〕

六三〔盱豫す。悔ゆ。遅ければ悔い有り。〕

九四〔由豫す。大いに得る有り。疑う勿れ。朋盍簪まる。〕

六五〔貞にして疾む。恒に死せず。〕

上六〔冥豫成る。渝ること有らば、咎无し。〕

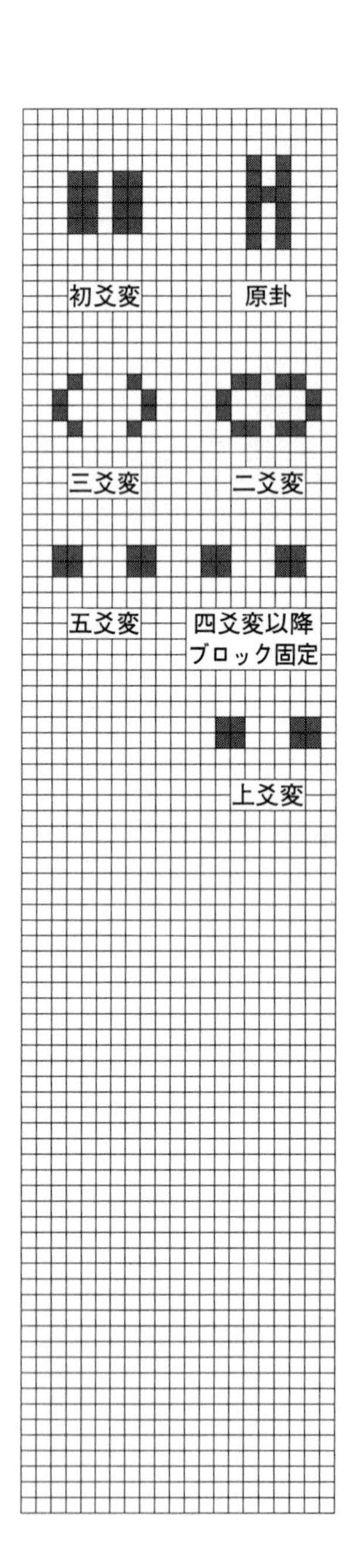

沢雷随

卦辞　【随は、元いに亨る。貞しきに利あり。咎无し。】

爻辞

初九〔官　渝ること有り。貞なれば吉。門を出でて交わるに功有り。〕

六二〔小子に係れば、丈夫を失う。〕

六三〔丈夫に係り、小子を失う。随って求むる有れば得。貞に居るに利あり。〕

九四〔随って獲る有り。貞なれども凶。孚有って道に在り、明を以てす。何の咎あらん。〕

九五〔嘉に孚あり。吉。〕

上六〔之を拘え係る。乃ち従って之を維ぐ。王　用て西山に亨る。〕

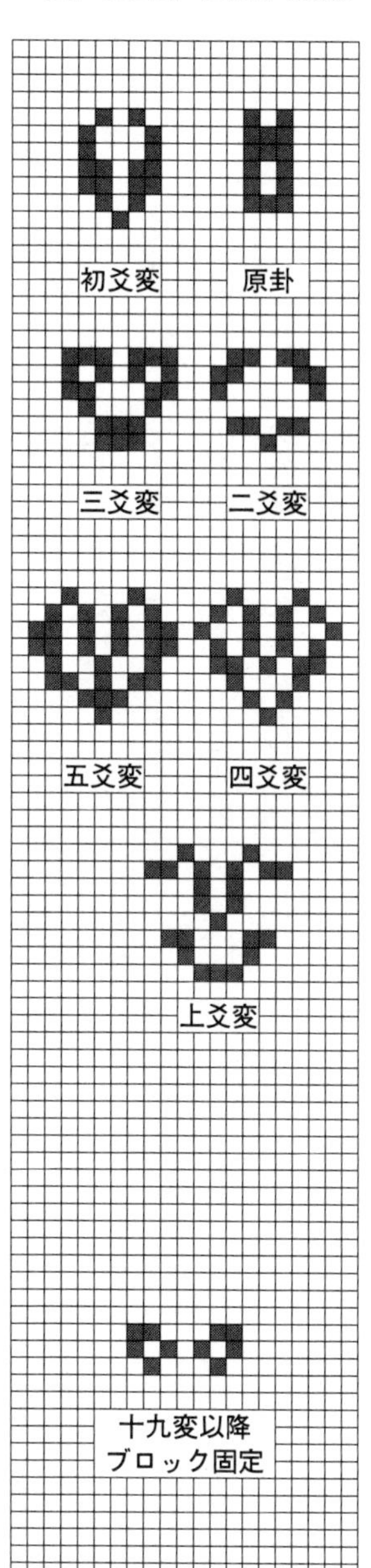

山風蠱　卦辞

【蠱は、元いに亨る。大川を渉るに利あり。甲に先んずること三日、甲に後るること三日。】

爻辞

初六〔父の蠱に幹たり。子有り。考咎无し。厲めば、終に吉。〕

九二〔母の蠱に幹たり。貞にす可からず。〕

九三〔父の蠱に幹たり。小しく悔い有り。大なる咎无し。〕

六四〔父の蠱を裕くす。往くときは吝を見る。〕

六五〔父の蠱に幹たり。用て誉れあり。〕

上九〔王侯に事えず。其の事を高尚にす。〕

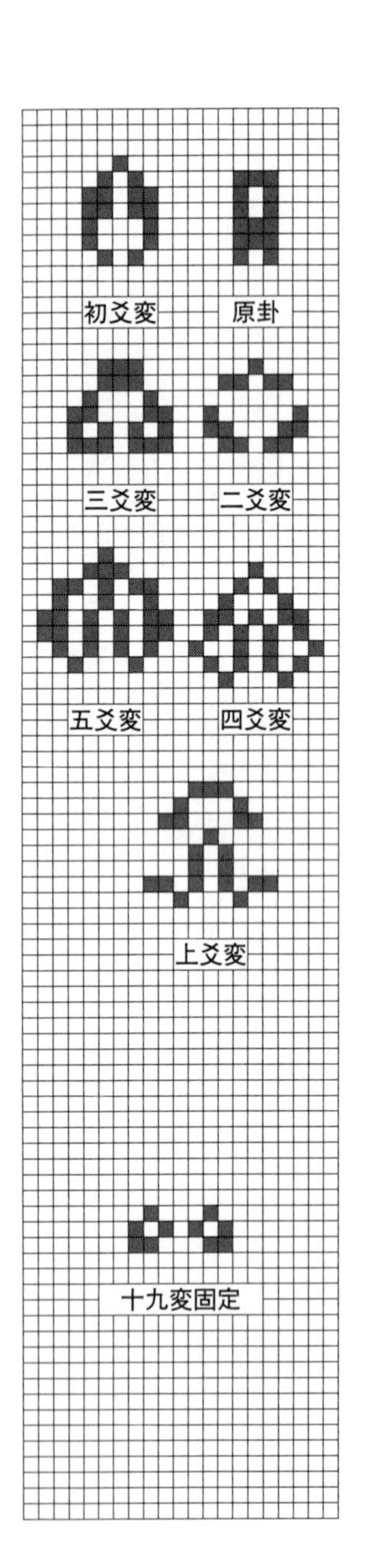

地沢臨（ちたくりん）

卦辞

【臨（りん）は、元（おお）いに亨（とお）る。貞（ただ）しきに利（り）あり。八月（はちげつ）に至（いた）りて、凶（きょう）有（あ）り。】

爻辞

初九〔咸（かん）じて臨（のぞ）む。貞（てい）にして吉（きち）。〕

九二〔咸（かん）じて臨（のぞ）む。吉（きち）にして利（り）あらざる无（な）し。〕

六三〔甘（あま）んじて臨（のぞ）む。利（り）する攸（ところ）无（な）し。既（すで）に之（これ）を憂（うれ）うれば、咎（とが）无（な）し。〕

六四〔至（いた）りて臨（のぞ）む。咎（とが）无（な）し。〕

六五〔知（ち）あって臨（のぞ）む。大君（たいくん）の宜（ぎ）なり。吉（きち）なり。〕

上六〔臨（のぞ）むに敦（あつ）し。吉（きち）にして咎（とが）无（な）し。〕

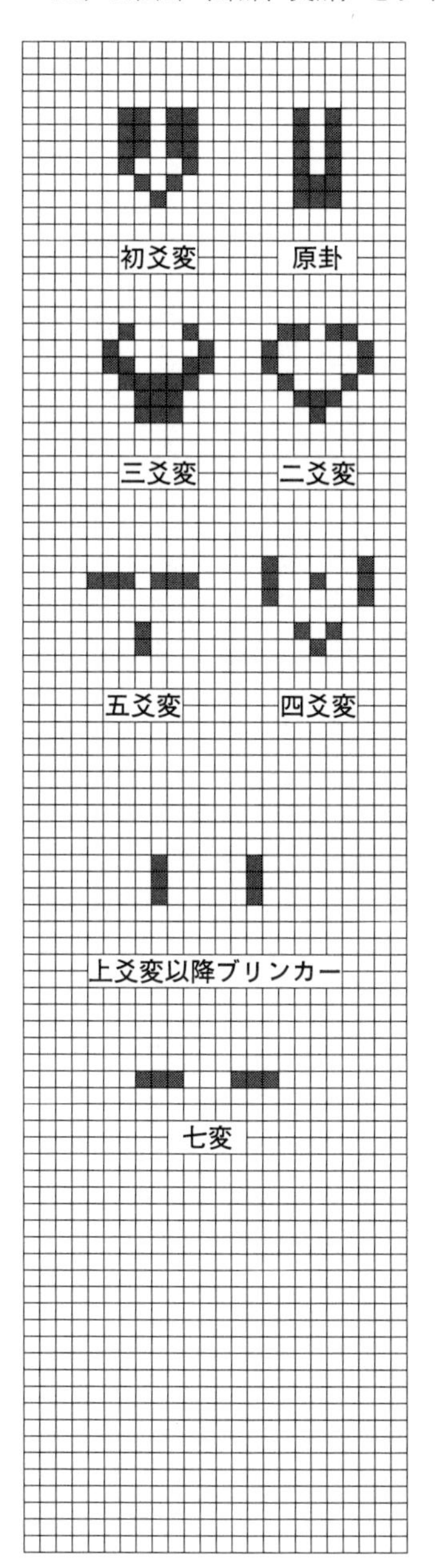

風地観

卦辞　【観は、盥して薦せず。孚有りて顒若たり。】

爻辞　初六〔童観す。小人は咎无し。君子は吝。〕

六二〔闚観す。女貞に利あり。〕

六三〔我が生を観て、進退す。〕

六四〔国の光を観る。用て王に賓たるに利あり。〕

九五〔我が生を観る。君子なるときは咎无し。〕

上九〔其の生を観る。君子なるときは咎无し。〕

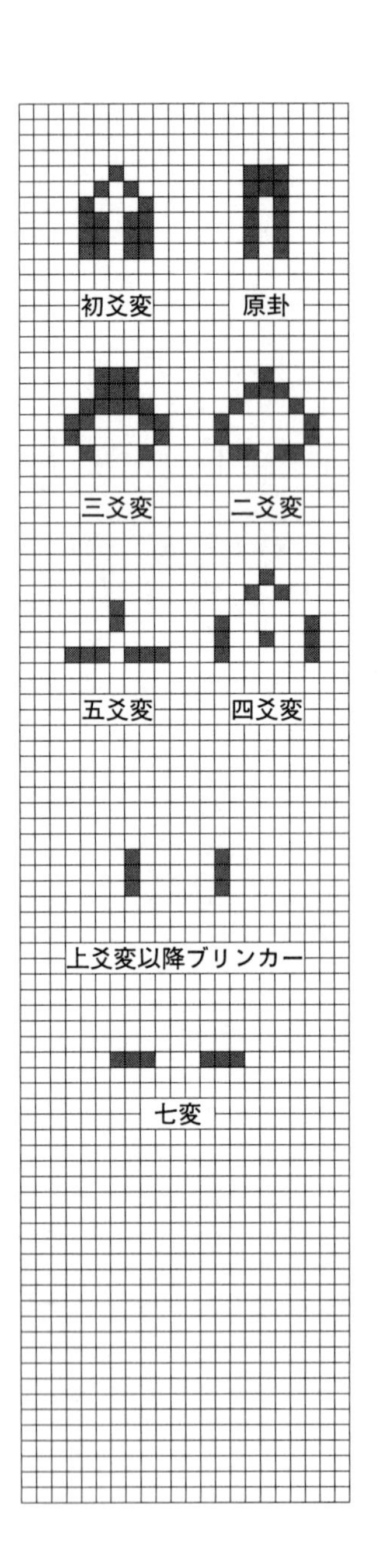

火雷噬嗑

卦辞　【噬嗑は亨る。獄を用うるに利あり。】

爻辞

初九〔校を履いて趾を滅る。咎无し。〕

六二〔膚を噬んで鼻を滅す。咎无し。〕

六三〔腊肉を噬んで毒に遇う。小しく吝なれど、咎无し。〕

九四〔乾胏を噬みて、金矢を得たり。艱貞に利あり。吉。〕

六五〔乾肉を噬んで黄金を得たり。貞厲なれば咎无し。〕

上九〔校を何いて耳を滅る。凶。〕

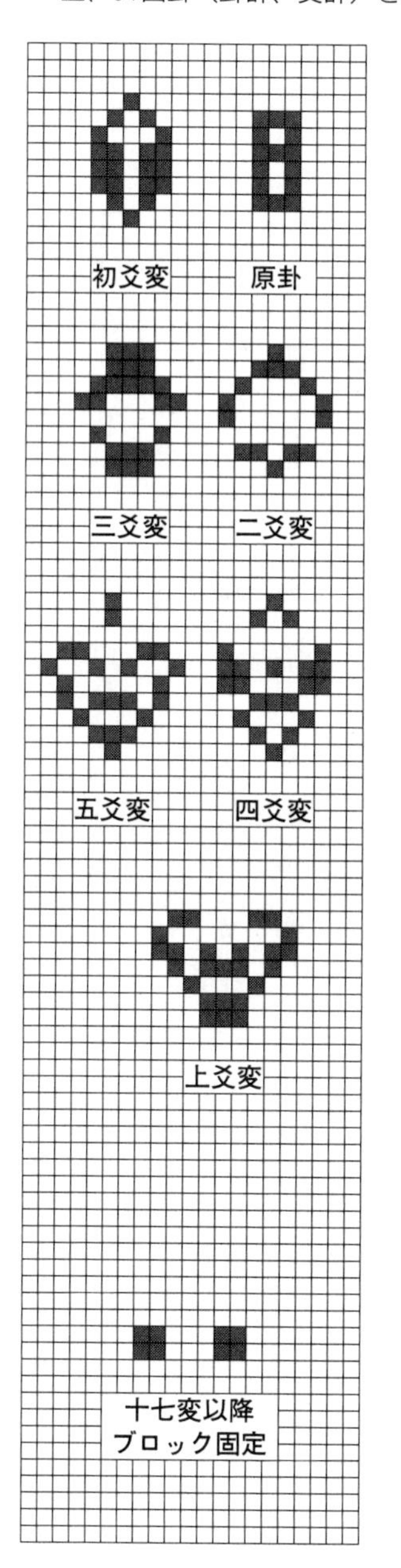

山火賁

卦辞　【賁は亨る。小しく往く攸有るに利あり。】

爻辞

初九〔其の趾を賁る。車を舎てて徒よりす。〕

六二〔其の須を賁る。〕

九三〔賁如たり、濡如たり、永貞なるときは吉。〕

六四〔賁如たるもの　皤如たり。白馬　翰如たり。寇あるに匪ずんば、婚媾せんとす。〕

六五〔丘園に賁らる。束帛戔戔たり。吝なるも、終には吉。〕

上九〔白く賁る。咎无し。〕

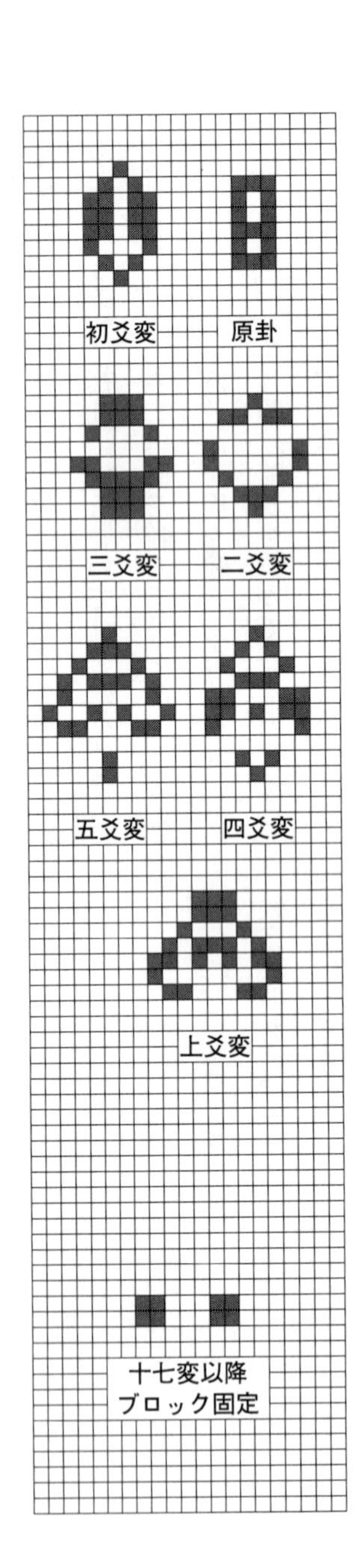

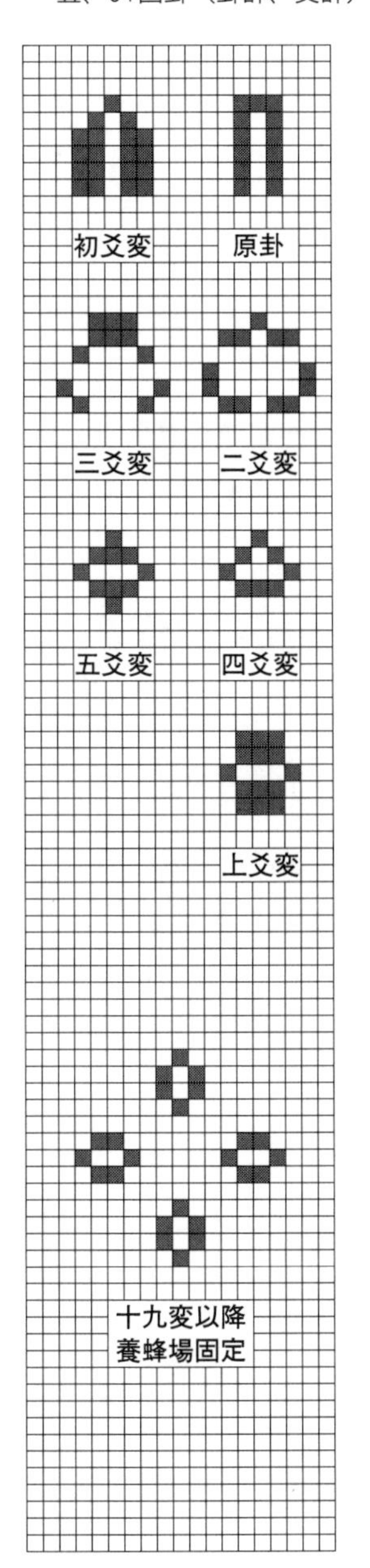

山地剥

卦辞　【剥は、往く攸有るに利あらず。】

爻辞

初六〔牀を剥するに足を以てす。貞を蔑ろにす。凶。〕

六二〔牀を剥するに弁を以てす。貞を蔑ろにす。凶。〕

六三〔之を剥するに咎无し。〕

六四〔牀を剥して膚に以ぶ。凶。〕

六五〔貫魚のごとく宮人を以いて寵せらる。利あらざる无し。〕

上九〔碩いなる果にして食われず。君子は輿を得、小人は廬を剥す。〕

地雷復

卦辞

【復は亨る。出入　疾无し。朋来りて咎无し。其の道を反復す。七日にして来り復す。往く攸有るに利あり。】

爻辞

初九〔遠からずして復る。悔いに祇る无し。元に吉。〕

六二〔休く復る。吉。〕

六三〔頻ば復る。厲けれど、咎无し。〕

六四〔中行　独り復る。〕

六五〔復るに敦し。悔い无し。〕

上六〔復るに迷う。凶。災眚有り。用て師を行れば、終に大敗する有り。其の国に以うれば、君の凶なり。十年に至るまで、征く克わず。〕

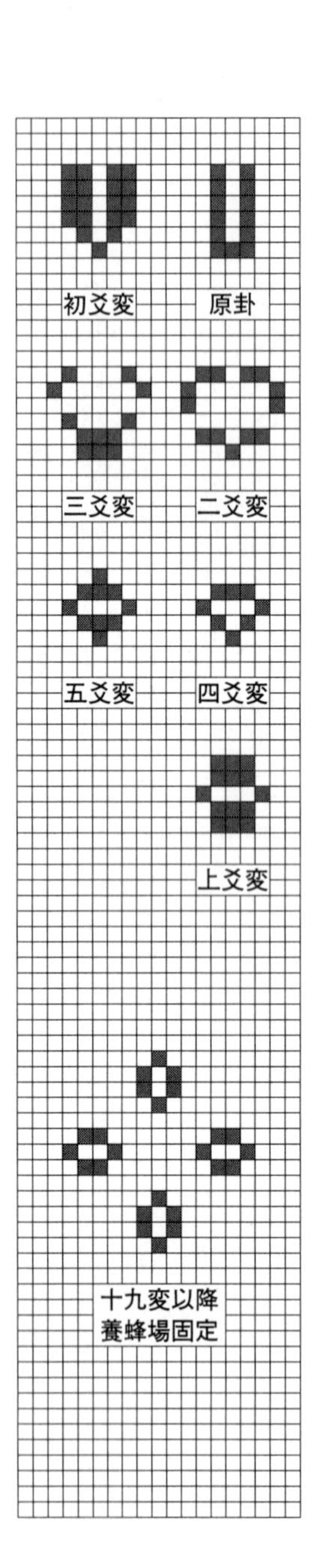

天雷无妄

卦辞

【无妄は、元いに亨る貞しきに利あり。其れ正に匪ざれば、眚有り。往く攸有るに利あらず。】

爻辞

初九〔无妄なり。往けば吉。〕

六二〔耕さずして穫、菑せずして畬するときは、則ち往く所あるに利あり。〕

六三〔无妄の災あり。或は之が牛を繋ぐ。行人の得、邑人の災。〕

九四〔貞にす可し。咎无し。〕

九五〔无妄の疾あり。薬すること勿くして喜び有り。〕

上九〔无妄にして行く。眚有り。利する攸无し。〕

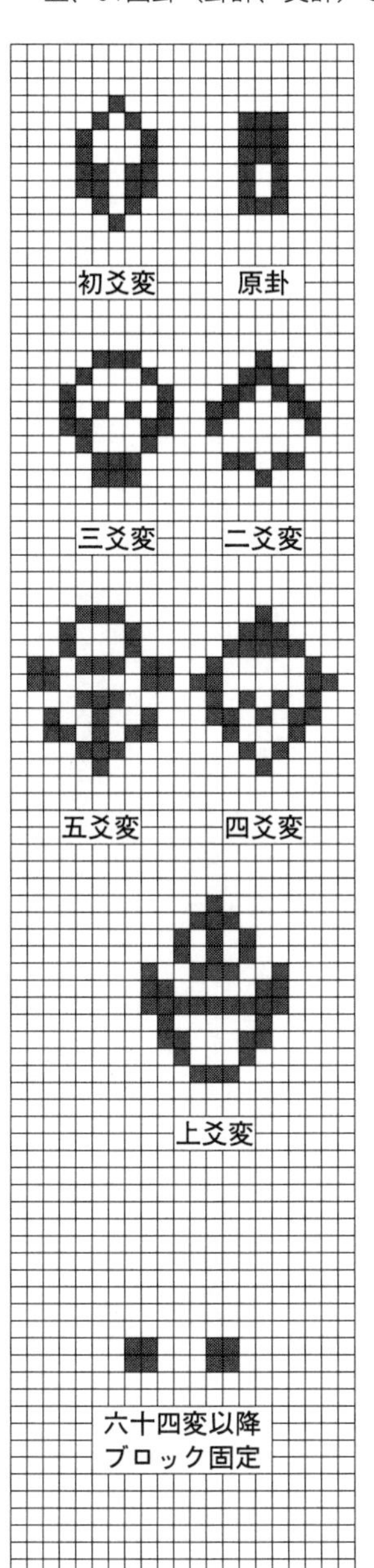

山天大畜

卦辞　【大畜は貞しきに利あり。家食せずして吉なり。大川を渉るに利あり。】

爻辞

初九〔厲きこと有り。已むるに利あり。〕

九二〔輿、輹を説く。〕

九三〔良馬逐えり。艱貞に利あり。日〻に輿衛を閑わば、往く攸有るに利あり。〕

六四〔童牛の梏。元吉なり。〕

六五〔豶豕の牙。吉なり。〕

上九〔何ぞや天の衢。亨る。〕

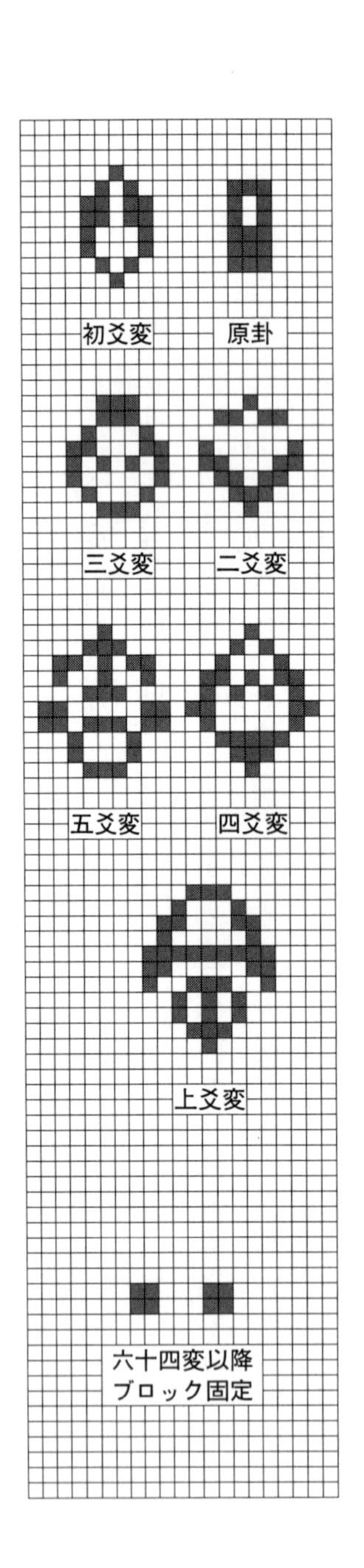

山雷頤

卦辞　【頤は、貞しければ吉。頤を観る。自ら口実を求む。】

爻辞

初九〔爾の霊亀を舎てて、我を観て頤を朶る。凶。〕

六二〔顛まに頤わる、経に払れり。丘に于いて頤わる、征けば凶。〕

六三〔頤いの貞しきに払れり。凶。十年用うる勿れ。利する攸无し。〕

六四〔顛まに頤わる。吉。虎視眈眈たり。其の欲、逐逐たり。咎无し。〕

六五〔経に払れり。貞に居るときは吉。大川を渉る可からず。〕

上九〔由りて頤わる。厲ぶめば吉。大川を渉るに利あり。〕

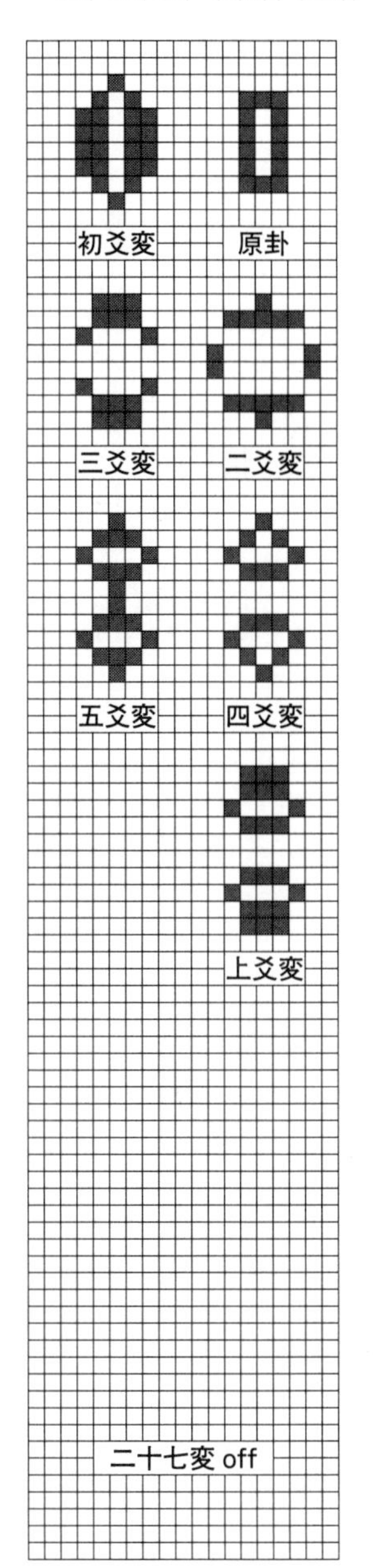

沢風大過

卦辞

【大過は、棟橈めり。往く攸有るに利あり。亨る。】

爻辞

初六〔藉くに白茅を用てす。咎无し。〕

九二〔枯楊稊を生ず。老夫、其の女妻を得たり。利あらざる无し。〕

九三〔棟橈めり。凶。〕

九四〔棟隆し、吉。它有れば吝。〕

九五〔枯楊華を生ず。老婦其の士夫を得たり。咎も无く誉れも无し。〕

上六〔過ぎて渉る。頂きを滅す。凶。咎むる无し。〕

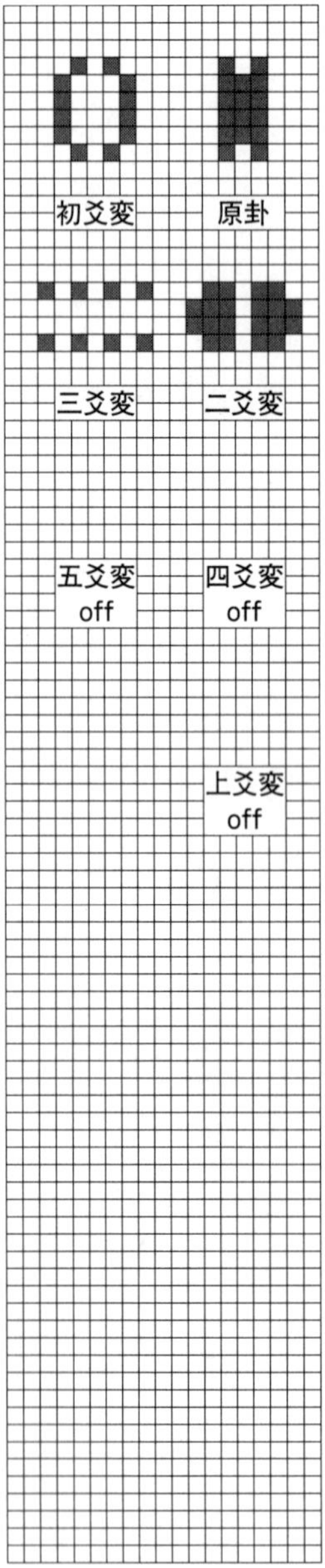

原卦

初爻変

二爻変

三爻変

四爻変
off

五爻変
off

上爻変
off

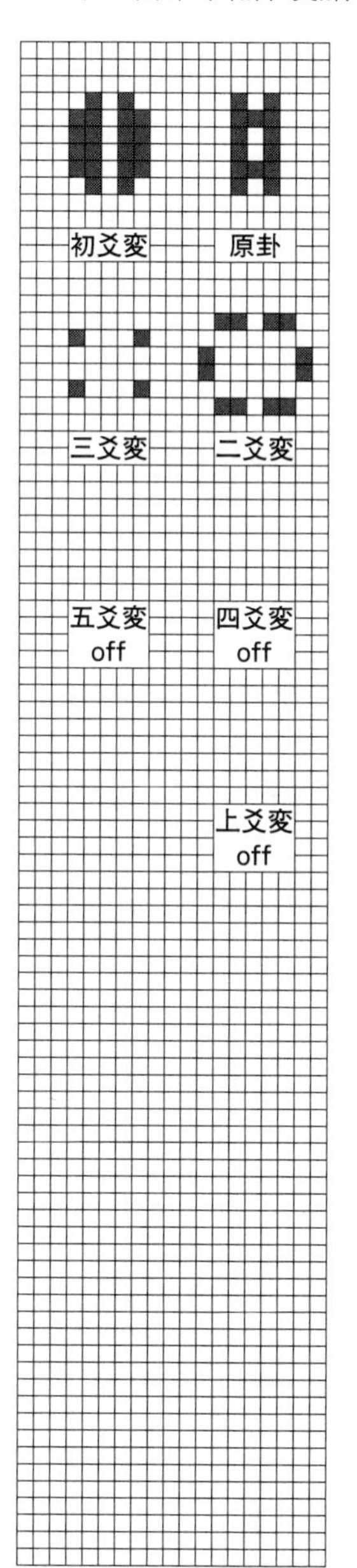

坎為水

卦辞　【習坎は孚有り。維れ心亨る。行けば尚ぶこと有り。】

爻辞

初六〔坎を習ねて坎窞に入る。凶。〕

九二〔坎に険有り。求めて小しく得。〕

六三〔来るも之くも坎坎たり。険且つ枕えたり。坎窞に入る。用うる勿れ。〕

六四〔樽酒、簋貳。缶を用てす。約を納るる牖よりす。終に咎无し。〕

九五〔坎盈たず、既に平らかなるに祇る。咎无し。〕

上六〔係るに徽纆を用てし、叢棘に寘く。三歳まで得ず。凶。〕

離為火

卦辞

【離は貞しきに利あり。亨る。牝牛を畜う。吉なり。】

爻辞

初九〔履むこと錯然たり。之を敬めば咎无し。〕

六二〔黄離。元吉なり。〕

九三〔日昃の離なり。缶を鼓ちて歌わずば、大耋の嗟きあらん。凶。〕

九四〔突如其れ来如。焚如、死如、棄如。〕

六五〔涕を出すこと沱若たり。戚うること嗟若たり。吉。〕

上九〔王　用て出でて征す。嘉きこと有り。首を折く。獲ること其の醜いに匪ざるときは、咎无し。〕

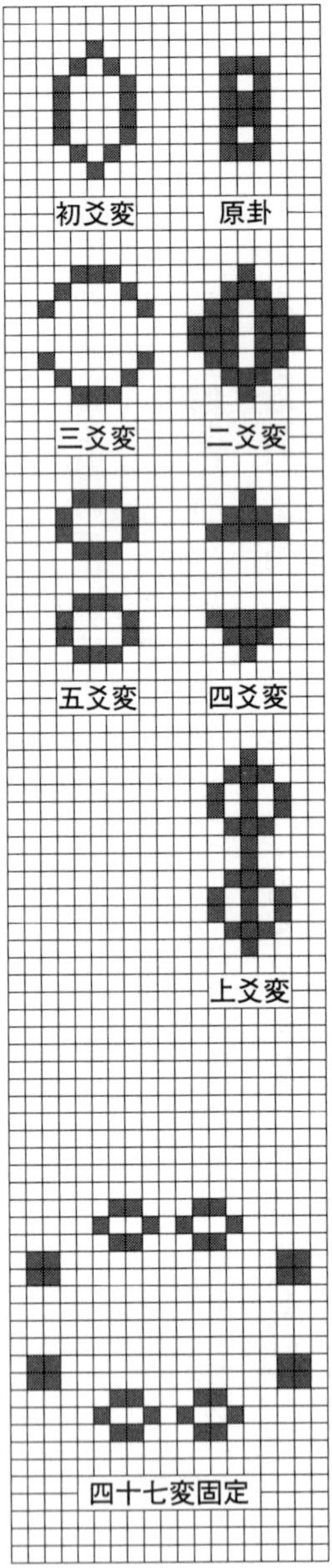

原卦　初爻変

二爻変　三爻変

四爻変　五爻変

上爻変

四十七変固定

沢山咸(たくさんかん)

卦辞　【咸(かん)は亨(とお)る。貞(ただ)しきに利(り)あり。女(じょ)を取(めと)るときは吉(きち)。】

爻辞

初六〔其(そ)の拇(おやゆび)に咸(かん)す。〕

六二〔其(そ)の腓(こむら)に咸(かん)す。凶(きょう)。居(お)れば吉(きち)。〕

九三〔其(そ)の股(また)に咸(かん)す。執(と)ること其(そ)れ随(したが)う。往(ゆ)けば吝(りん)。〕

九四〔貞(ただ)しければ吉(きち)にして悔(く)い亡(ほろ)ぶ。憧憧(しょうしょう)として往来(おうらい)すれば、朋(とも)爾(なんじ)の思(おも)いに従(したが)う。〕

九五〔其(そ)の脢(せじし)に咸(かん)す。悔(く)い无(な)し。〕

上六〔其(そ)の輔頬舌(ほきょうぜつ)に咸(かん)す。〕

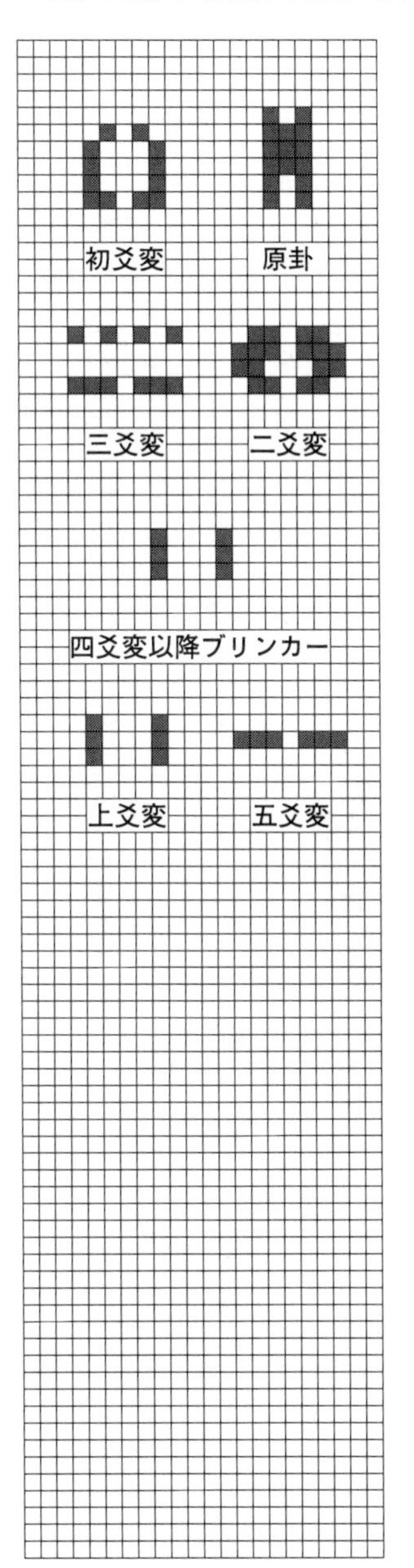

雷風恒

卦辞　【恒は亨る。咎なし。貞しきに利あり。往く攸有るに利あり。】

爻辞
初六〔浚く恒にす。貞しけれど凶。利する攸无し。〕
九二〔悔い亡ぶ。〕
九三〔其の徳を恒にせざれば、或は之が羞を承けん。貞しけれど吝。〕
九四〔田して禽无し。〕
六五〔其の徳を恒にす。貞し。婦人は吉。夫子は凶なり。〕
上六〔振くこと恒なり。凶。〕

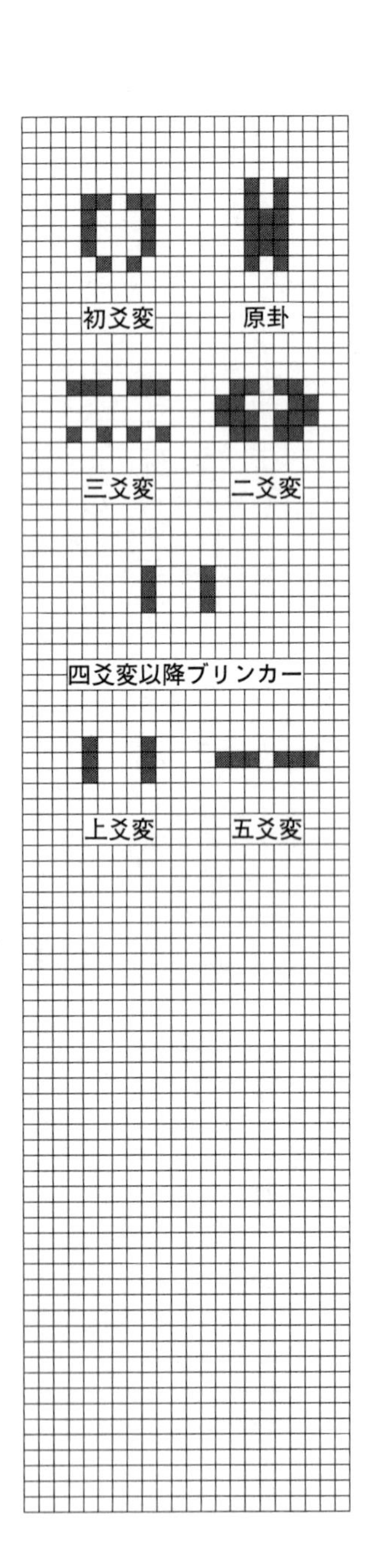

天山遯

卦辞　【遯は亨る。小し貞しきに利あり。】

爻辞

初六　〔遯尾。厲し。用て往く攸有る勿れ。〕

六二　〔之を執うるに黄牛の革を用てす。之を勝げて説く莫し。〕

九三　〔係遯す。疾有り、厲し。臣妾を畜うときは吉。〕

九四　〔好遯す。君子は吉。小人は否なり。〕

九五　〔嘉遯す。貞しくして吉。〕

上九　〔肥遯す。利あらざる无し。〕

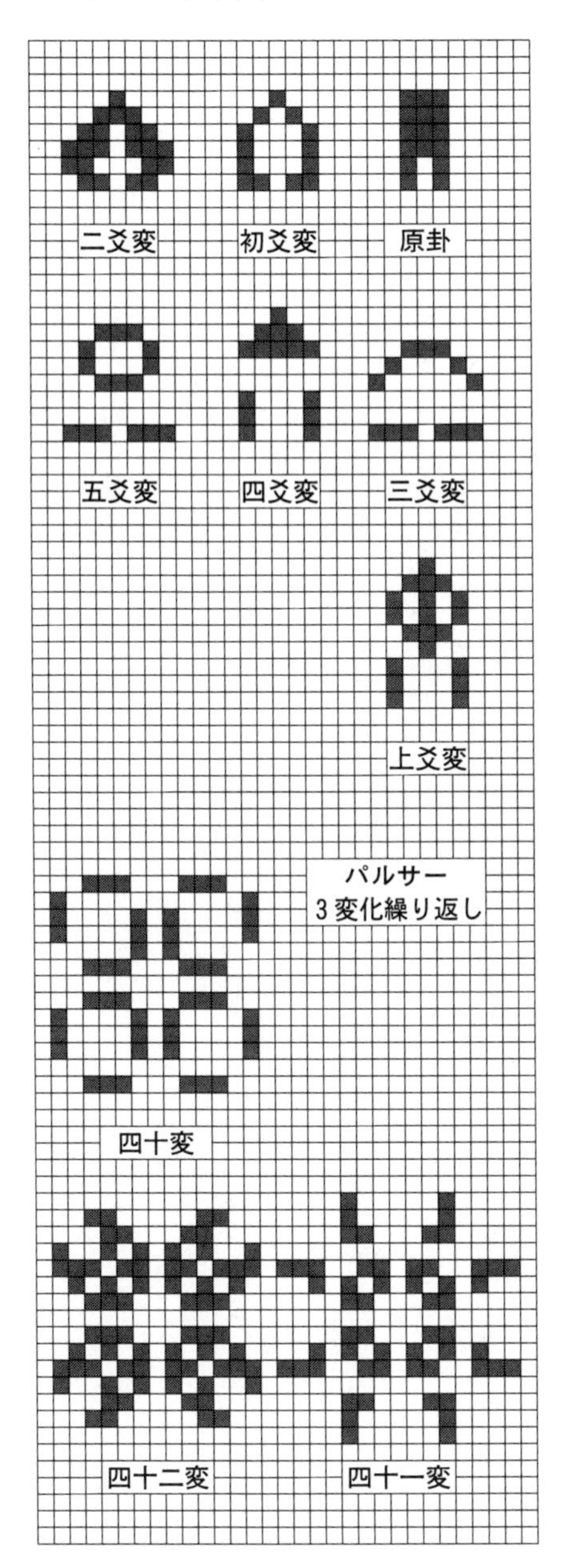

雷天大壮

卦辞

【大壮は、貞しきに利あり。】

爻辞

初九〔趾に壮んなり。征けば凶。孚有り。〕

九二〔貞にして吉。〕

九三〔小人は壮を用い、君子は罔を用う。貞なれば厲し。羝羊藩に触れて其の角を羸ましむ。〕

九四〔貞しければ吉にして悔い亡ぶ。藩決けて羸まず。大輿の輹に壮んなり。〕

六五〔羊を易に喪う。悔い无し。〕

上六〔羝羊藩に触る。退く能わず、遂む能わず。利する攸无し。艱しめば吉。〕

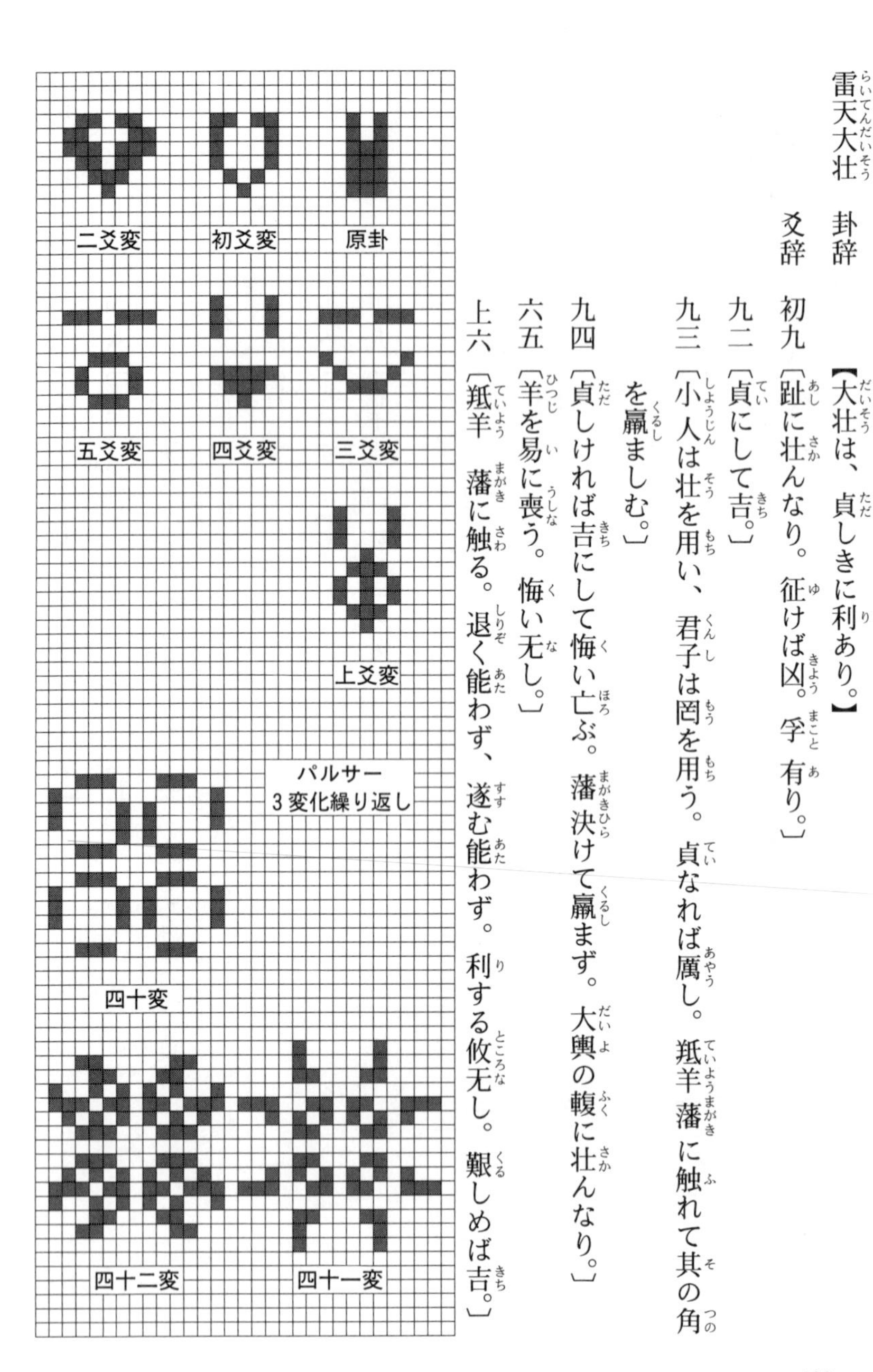

火地晋

卦辞　【晋は康んずる侯なり。用て馬を錫うこと蕃庶たり。昼日に三たび接わる。】

爻辞　初六〔晋如たり摧如たり。貞しければ吉。孚とせらるる罔きも裕かなるときは咎无し。〕

六二〔晋如たり愁如たり。貞しければ吉。茲の介福を其の王母に受く。〕

六三〔衆　允とす。悔い亡ぶ。〕

九四〔晋むこと鼫鼠の如し。貞なれば厲し。〕

六五〔悔い亡ぶ。失得恤うる勿れ。往けば吉、利あらざる无し。〕

上九〔其の角を晋む。維れ用て邑を伐つ。厲けれど吉にして咎无し。貞においては吝。〕

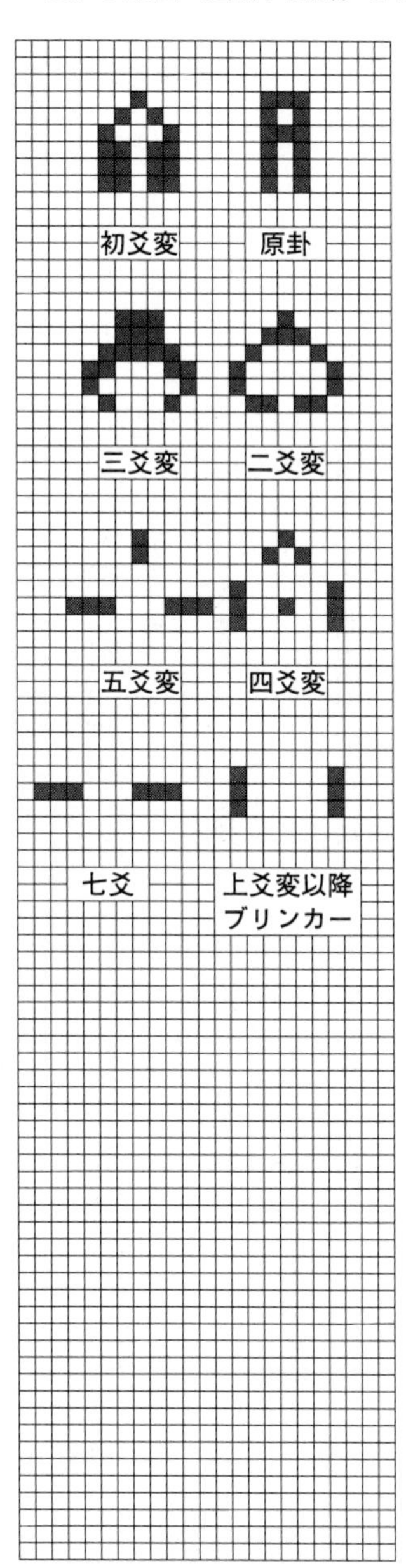

地火明夷　卦辞　【明夷は、艱貞に利あり。】

爻辞　初九〔明夷于き飛んで其の翼を垂る。君子于き行く。三日食らわず。往く攸有り。主人言うこと有り。〕

六二〔明夷　左の股を夷る。用て拯う。馬壮んなれば吉。〕

九三〔明夷る。南狩に于いて其の大首を得ん。疾く貞にす可からず。〕

六四〔左腹に入る。明夷の心を獲たり。于きて門庭を出づ。〕

六五〔箕子の明夷る。貞しきに利あり。〕

上六〔不明にして晦し。初めは天に登り、後には地に入る。〕

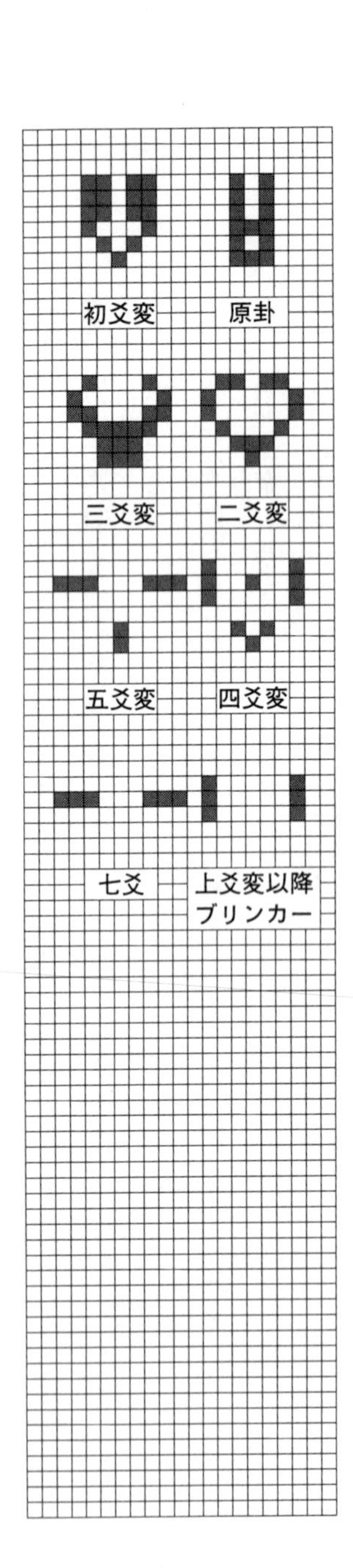

風火家人

卦辞　【家人は女の貞しきに利あり。】

爻辞

初九〔有家に閑ぐ。悔い亡ぶ。〕

六二〔遂ぐる攸无し。中饋に在るときは貞しくして吉。〕

九三〔家人嗃嗃たり。厲きに悔いあれど、吉。婦人嘻嘻たり。終に吝し。〕

六四〔家を富ます。大吉なり。〕

九五〔王、家を有つに仮る。恤うる勿くして吉。〕

上九〔孚 有り。威如たり。終に吉なり。〕

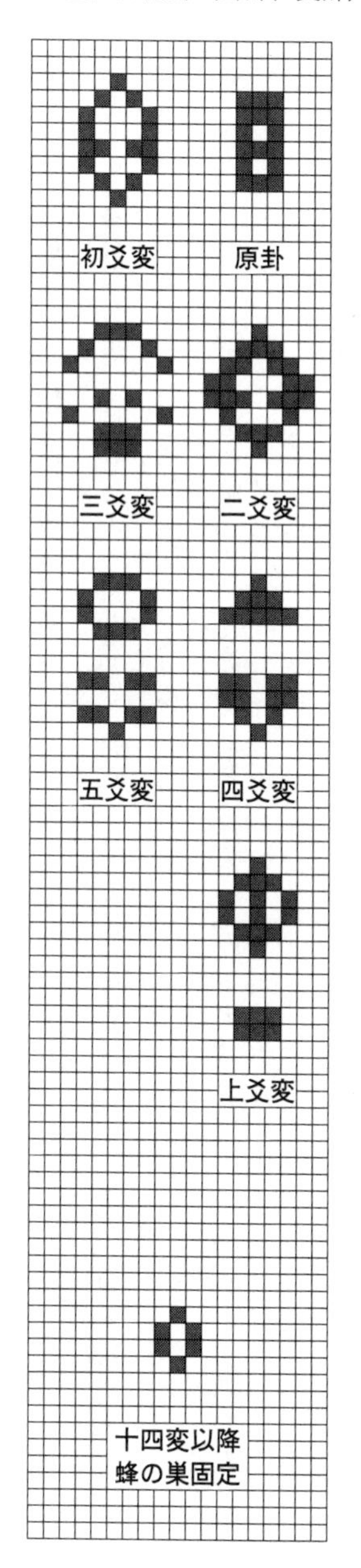

火沢睽

卦辞　【睽は小事には吉。】

爻辞

初九〔悔い亡ぶ。馬を喪う。逐う勿くして自ずから復る。悪人を見れば咎无し。〕

九二〔主に巷に遇う。咎无し。〕

六三〔輿を曳かる。其の牛 掣めらる。其の人天せられ、且つ劓らる。初め无く終り有り。〕

九四〔睽きて孤なり。元夫に遇う。交々 孚あり。厲けれど咎无し。〕

六五〔悔い亡ぶ。厥の宗 膚を噬む。往くとして何の咎あらん。〕

上九〔睽いて孤りなり。豕の 塗 を負うを見る。鬼を載すること一車。先には之が弧を張り、後には之が弧を説す。寇 に匪ず。婚媾せんとす。往きて雨に遇えば吉なり。〕

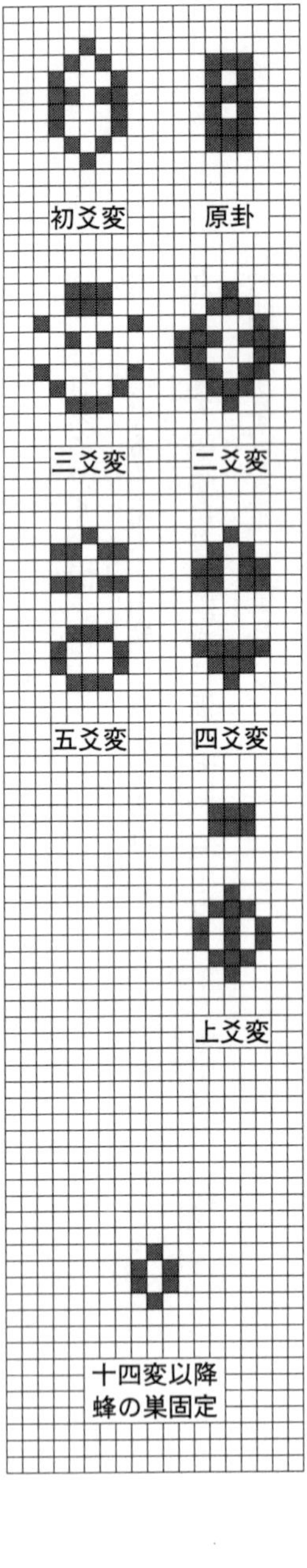

原卦

初爻変

二爻変

三爻変

四爻変

五爻変

上爻変

十四変以降
蜂の巣固定

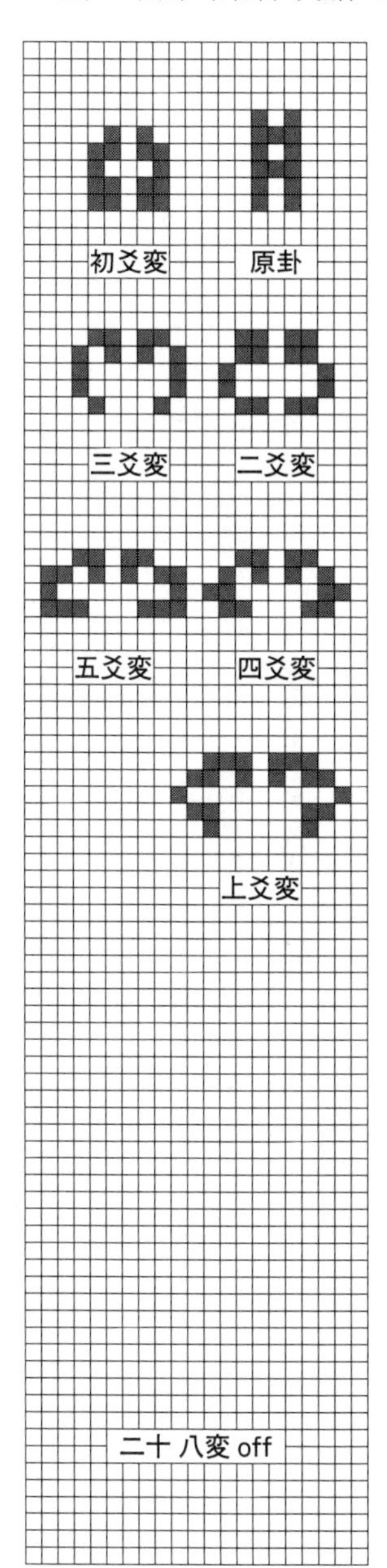

水山蹇

卦辞 【蹇は西南に利あり。東北に利あらず。大人を見るに利あり。貞なれば吉。】

爻辞

初六〔往くときは蹇あり。来るときは誉れあり。〕

六二〔王臣蹇蹇たり。躬の故に匪ず。〕

九三〔往くときは蹇あり。来るときは反る。〕

六四〔往くときは蹇あり。来るときは連なる。〕

九五〔大蹇。朋来る。〕

上六〔往くときは蹇あり。来るときは碩いなり。吉。大人を見るに利あり。〕

雷水解

卦辞

【解は西南に利あり。往く所无ければ其れ来り復って吉。往く攸有れば夙くして吉。】

爻辞

初六〔咎无し。〕

九二〔田して三狐を獲たり。黄矢を得て、貞にして吉。〕

六三〔負い且つ乗れば寇の至るを致す。貞しけれど吝。〕

九四〔而の拇を解く。朋至って斯に孚あり。〕

六五〔君子維れ解くこと有るときは吉なり。小人に孚すこと有り。〕

上六〔公用て隼を高墉の上に射る。之を獲て利あらざる无し。〕

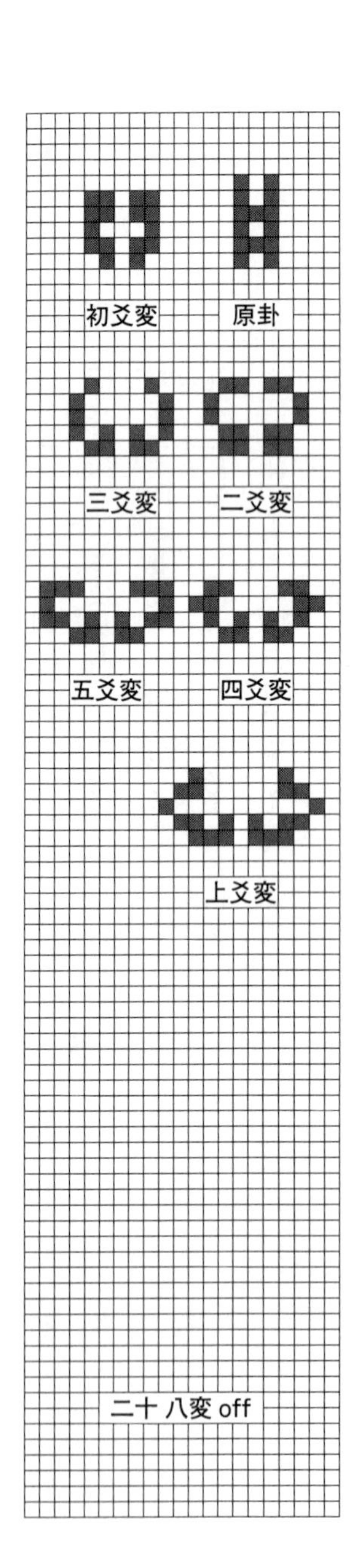

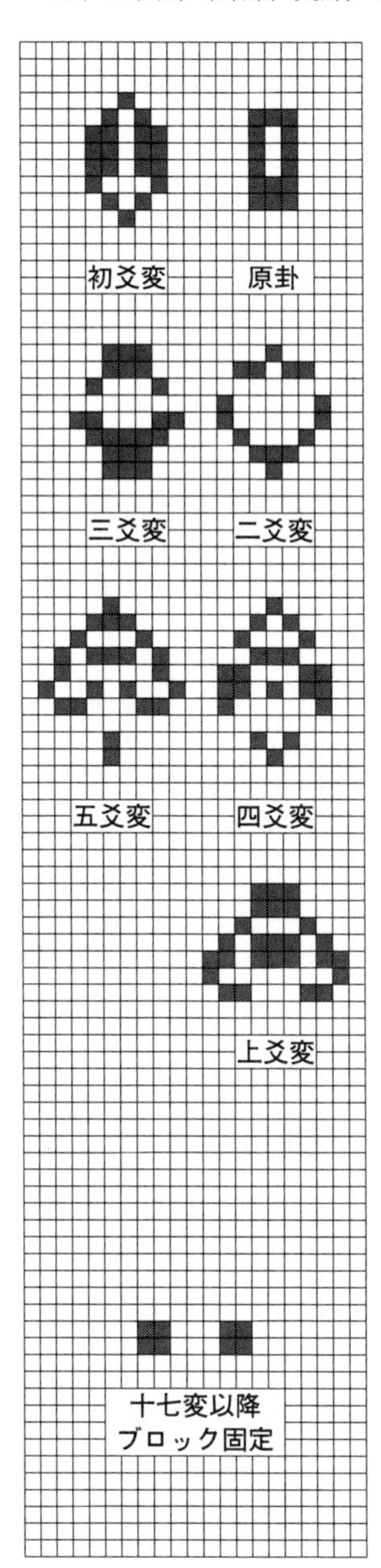

山沢損

卦辞

【損は、孚有れば元吉にして咎无し。貞にす可くして往く攸有るに利あり。曷を之れ用いん。二簋用て享す可し。】

爻辞

初九〔事を已めて遄く往く。咎无し。酌みて之を損す。〕

九二〔貞しきに利あり。征けば凶。損せず之を益す。〕

六三〔三人行けば一人を損す。一人行けば其の友を得。〕

六四〔其の疾を損す。遄からしめて喜び有り。咎无し。〕

六五〔或は之に益す。之を十朋にす。亀も違う克わず。元いに吉。〕

上九〔損せず之を益す。咎无し。貞にして吉。往く攸有るに利あり。臣を得るに家无し。〕

風雷益

卦辞　【益は往く攸有るに利あり。大川を渉るに利あり。】

爻辞

初九〔用て大作を為すに利あり。元いに吉にして咎无し。〕

六二〔或は之に益す。之を十朋にす。亀も違う克わず。永貞にして吉なり。王用て帝に亨す。吉なり。〕

六三〔之に益すに凶事に用う。咎无し。中行に孚有り。公に告ぐるに圭を用てす。〕

六四〔中行あらば公に告げて従われん。用て依ることを為し国を遷すに利あり。〕

九五〔孚有り恵心あり。問う勿くして元吉なり。孚有れば我が徳を恵みとす。〕

上九〔之に益すこと莫し。或は之を撃つ。心を立つる恒勿し。凶。〕

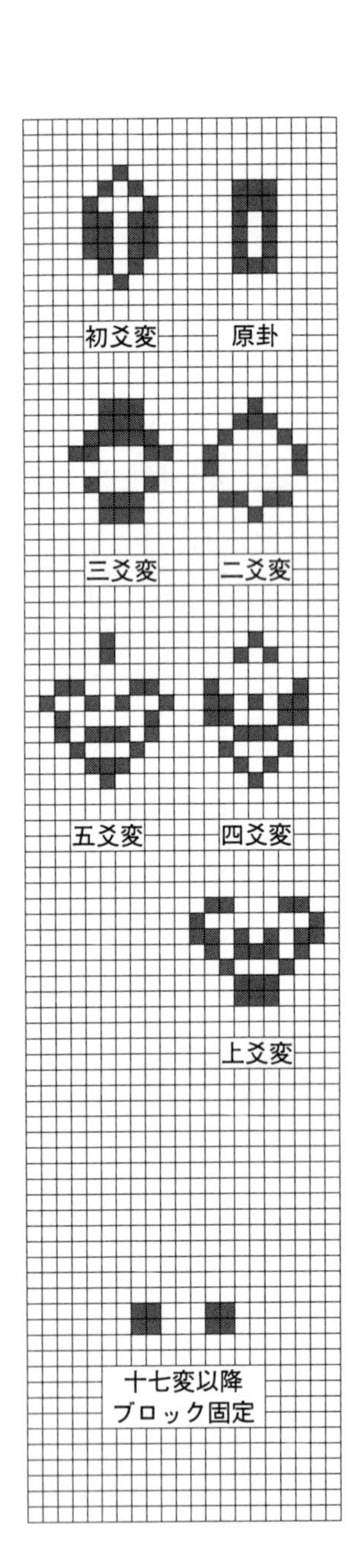

沢天夬

卦辞　【夬は、王庭に揚がる。孚あって号ぶ。厲きこと有り。邑より告ぐ。戎に即くに利あらず。往く攸有るに利あり。】

爻辞

初九〔趾を前むるに壮んなり。往きて勝たざるを咎と為す。〕

九二〔惕れて号す。莫夜戎有るも恤うる勿れ。〕

九三〔頄に壮んなり。凶なること有り。君子は夬を夬とす。独り行きて雨に遇う。若し濡るれば慍らるること有らん。咎无し。〕

九四〔臀に膚无し。其の行くこと次且たり。羊を牽けば悔い亡ぶ。言を聞くとも信ぜず。〕

九五〔莧陸夬を夬にす。中行において咎无し。〕

上六〔号ぶこと无し。終に凶有り。〕

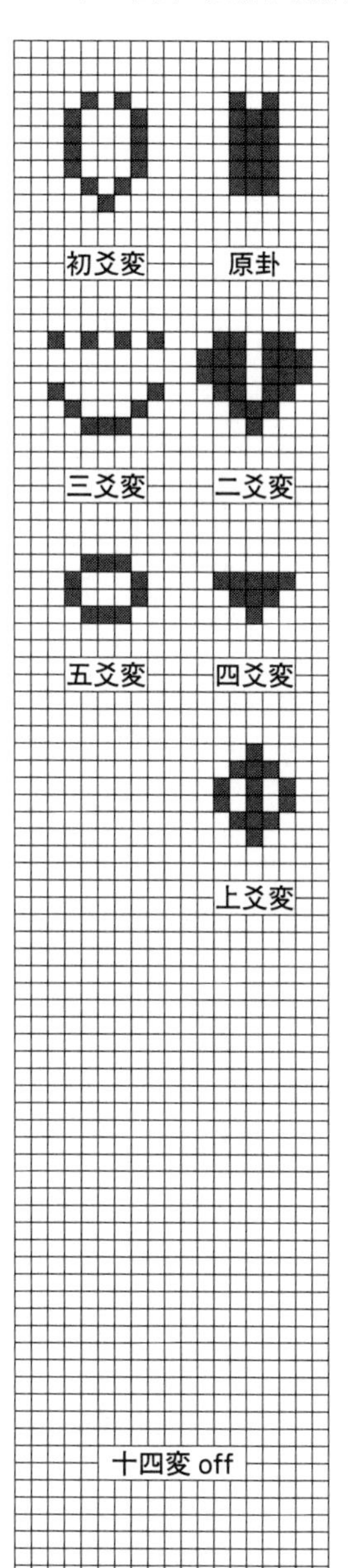

天風姤

卦辞　【姤は、女壮んなり。用て女を取る勿れ。】

爻辞

初六〔金柅に繫る。貞吉なり。往く攸有れば凶を見る。羸豕孚に蹢躅たり。〕

九二〔包むに魚有り。咎无し。賓に利あらず。〕

九三〔臀に膚无し。其の行くこと次且たり。厲めば大なる咎无し。〕

九四〔包むに魚无し。凶を起こさん。〕

九五〔杞を以て瓜を包む。章を含む。天より隕つること有り。〕

上九〔其の角に姤う。吝。咎むること无し。〕

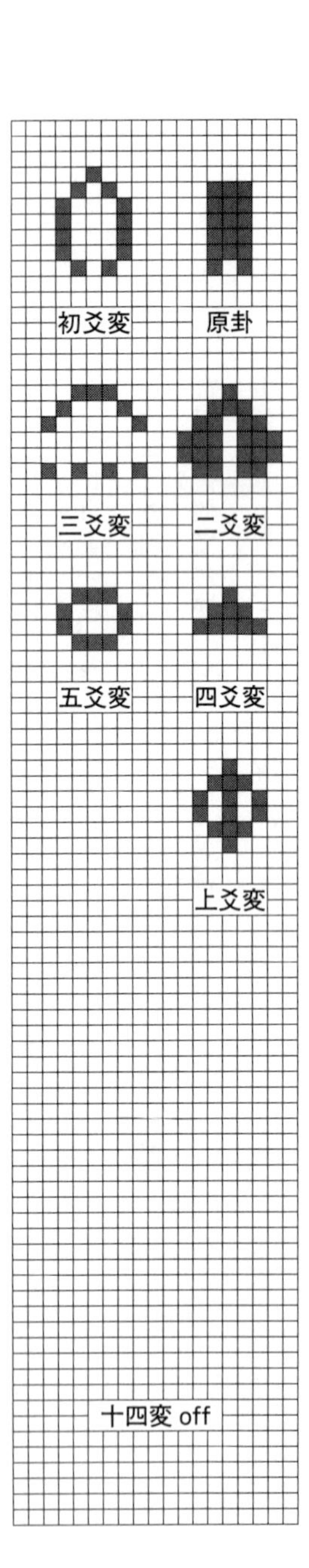

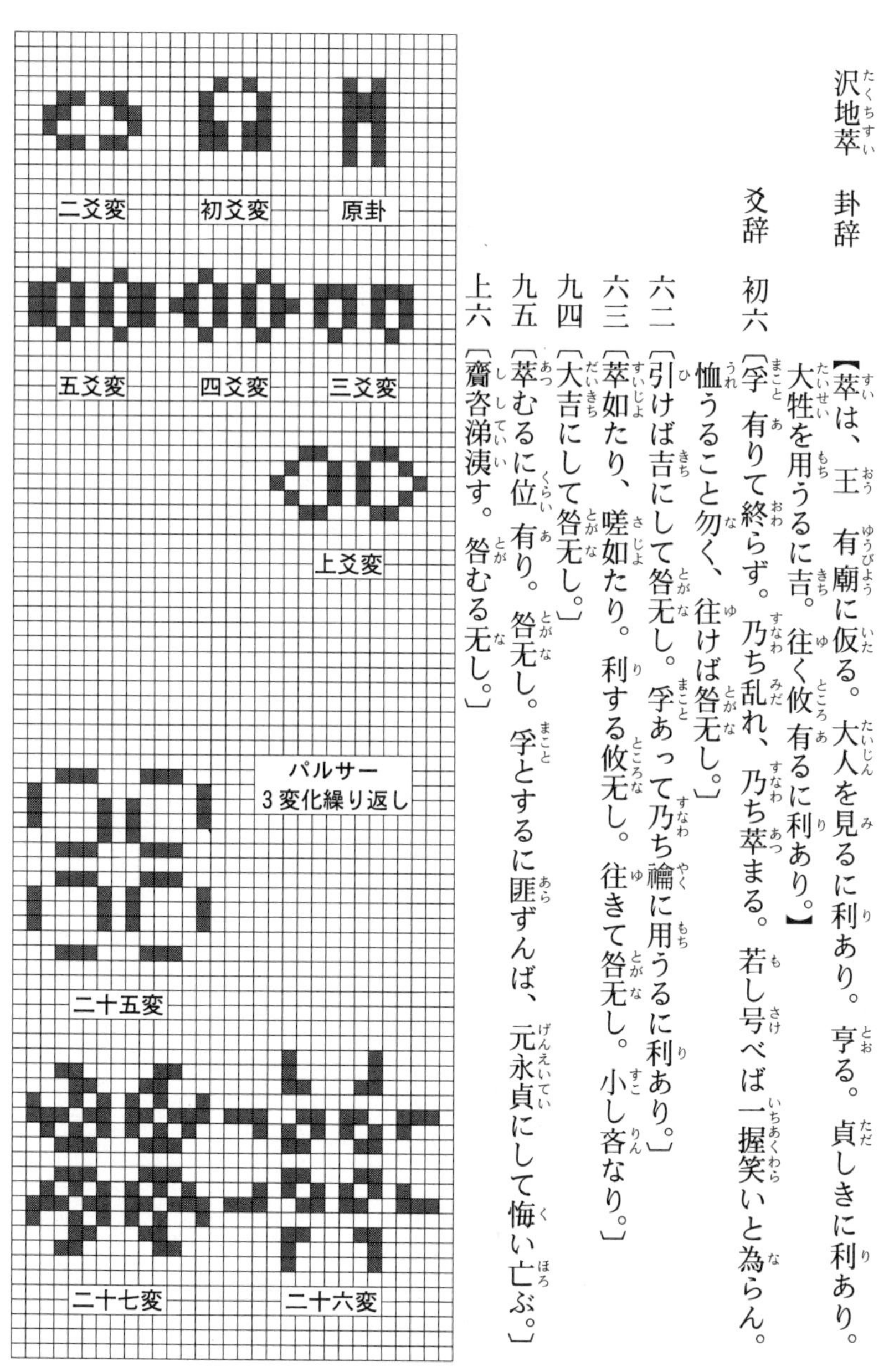

沢地萃

卦辞　【萃は、王 有廟に仮る。大人を見るに利あり。亨る。貞しきに利あり。大牲を用うるに吉。往く攸有るに利あり。】

爻辞

初六〔孚 有りて終らず。乃ち乱れ、乃ち萃まる。若し号べば一握笑いと為らん。恤うること勿く、往けば咎无し。〕

六二〔引けば吉にして咎无し。孚あって乃ち禴に用うるに利あり。〕

六三〔萃如たり、嗟如たり。利する攸无し。往きて咎无し。小し吝なり。〕

九四〔大吉にして咎无し。〕

九五〔萃むるに位 有り。咎无し。孚とするに匪ずんば、元永貞にして悔い亡ぶ。〕

上六〔齎咨涕洟す。咎むる无し。〕

地風升

卦辞

【升は元いに亨る。用て大人を見る。恤うる勿れ。南征して吉なり。】

爻辞

初六〔允いて升る。大吉。〕

九二〔孚あって乃ち禴に用うるに利あり。咎无し。〕

九三〔虚邑に升る。〕

六四〔王　用て岐山に亨る。吉にして咎无し。〕

六五〔貞なるときは吉。階に升る。〕

上六〔升るに冥し。不息の貞に利あり。〕

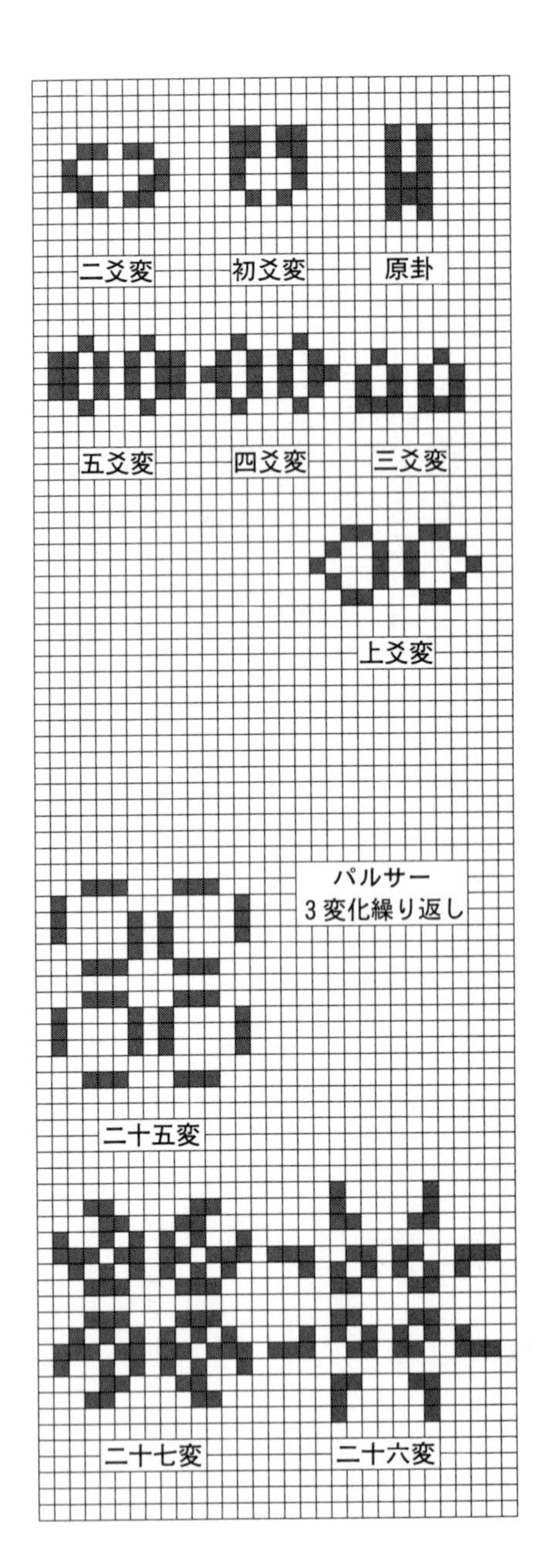

沢水困

卦辞　【困は亨る。貞し。大人は吉にして咎无し。言うこと有れど信ぜられず。】

爻辞

初六〔臀 株木に困しむ。幽谷に入る。三歳まで覿ず。〕

九二〔酒食に困しむ。朱紱方に来る。用て亨祀するに利あり。征けば凶。咎むる无し。〕

六三〔石に困しみ、蒺蔾に拠る。其の宮に入り、其の妻を見ず。凶。〕

九四〔来ること徐徐たり。金車に困しむ。吝し。終り有り。〕

九五〔劓られ、刖たる。赤紱に困しむ。乃ち徐にして説び有り。用て祭祀するに利あり。〕

上六〔葛藟に臲卼に困しむ。動けば悔いありと曰い、悔ゆること有るときは征きて吉。〕

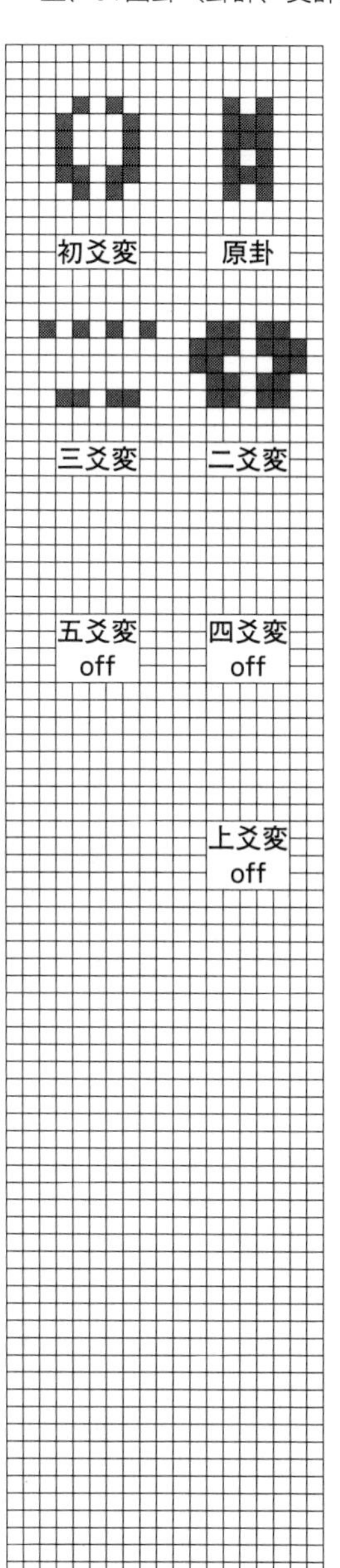

水風井　卦辞

【井は邑を改めて井を改めず。喪う无く、得る无し。往くも来るも井井たり。汔んど至らんとして、亦た未だ井に繘せず。其の瓶を羸る。凶。】

爻辞

初六〔井、泥にして食らわれず。旧井に禽たつ无し。〕

九二〔井谷 鮒に射ぐ。甕 敝れて漏る。〕

九三〔井、渫くして食われず。我が心の惻みを為す。用て汲む可し。王明らかなれば、並びに其の福を受けん。〕

六四〔井、甃まる。咎无し。〕

九五〔井、冽くして寒泉食らわる。〕

上六〔井、収って幕うこと勿し。孚有れば元吉。〕

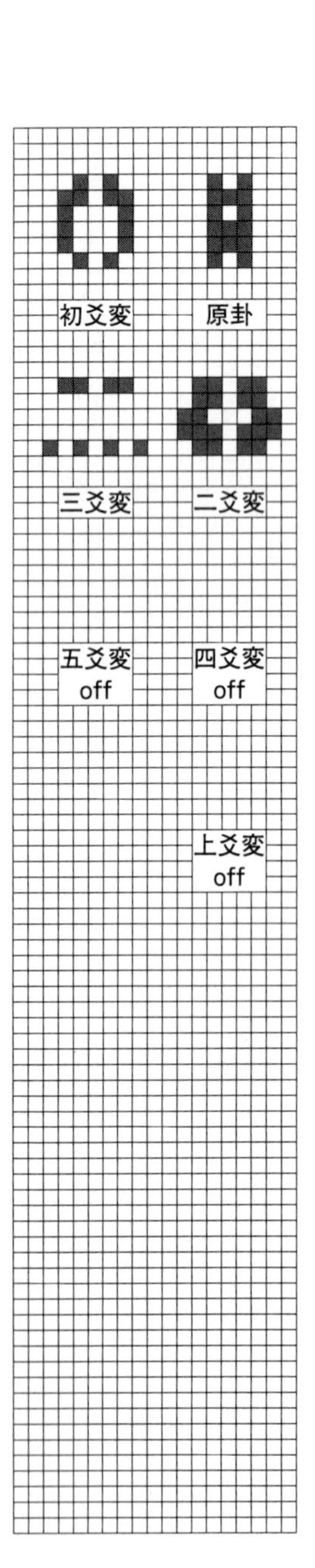

沢火革

卦辞

【革は、已んぬる日にして乃ち孚あり。元いに亨る。貞しきに利あり。悔い亡ぶ。】

爻辞

初九〔鞏むるに黄牛の革を用う。〕

六二〔已んぬる日、乃ち之を革む。征けば吉。咎无し。〕

九三〔征けば凶。貞しけれど厲し。革の言、三たび就りて孚有り。〕

九四〔悔い亡ぶ。孚有れば命を改めて吉。〕

九五〔大人虎のごとく変ず。未だ占わずして孚有り。〕

上六〔君子は豹のごとく変ず。小人は面を革む。征けば凶。貞しきに居れば吉。〕

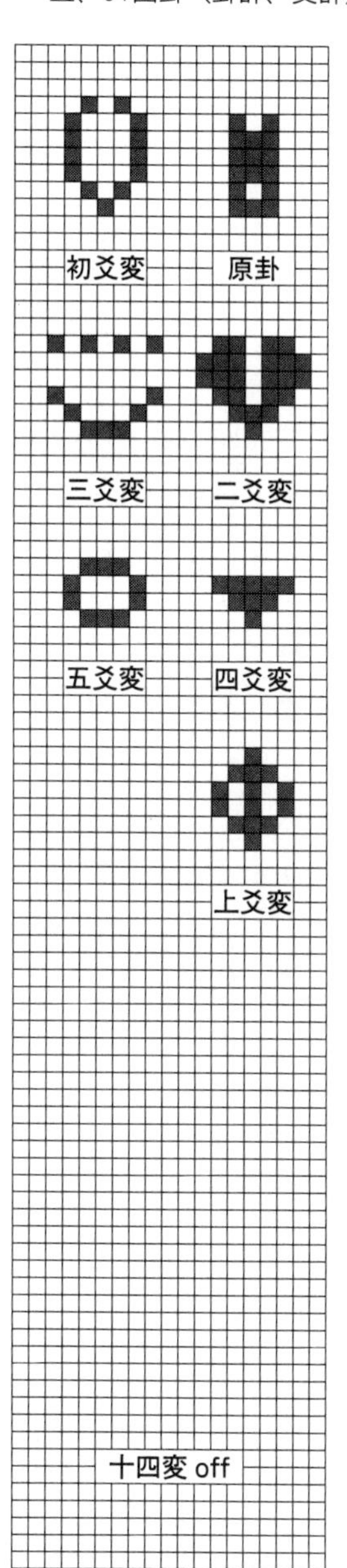

火風鼎

卦辞　【鼎は元いに亨る。】

爻辞

初六〔鼎跡を顛にす。否を出すに利あり。妾を得るに其の子に以ぶ。咎无し。〕

九二〔鼎に実有り。我が仇、疾い有り。我に即く能わず。吉。〕

九三〔鼎の耳革まる。其の行塞がる。雉の膏あれど食らわれず。方に雨ふらんとす。虧くるの悔いあれど終に吉。〕

九四〔鼎足を折る。公の餗を覆す。其の形、渥たり。凶。〕

六五〔鼎黄耳有り、金鉉あり。貞しきに利あり。〕

上九〔鼎玉鉉あり。大吉。利あらざる无し。〕

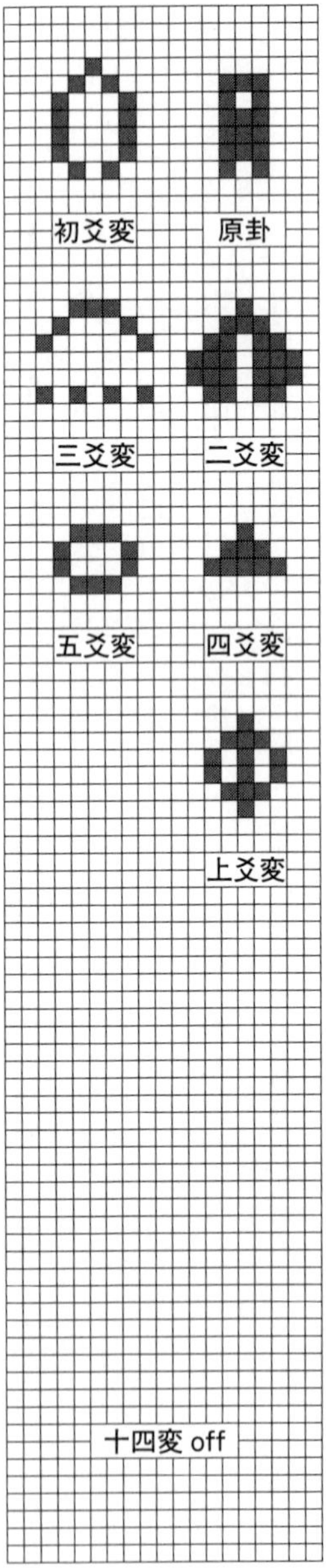

原卦　初爻変

二爻変　三爻変

四爻変　五爻変

上爻変

十四変 off

震為雷

卦辞　【震は、亨る。震の来るとき虩虩たり。笑言唖唖たり。震は、百里を驚かす。匕鬯を喪わず。】

爻辞　初九〔震の来るとき虩虩たり。後、笑言唖唖たり。吉。〕

六二〔震の来る、厲し。貝を喪うを億り、九陵に躋る。逐う勿れ。七日にして得ん。〕

六三〔震いて蘇蘇たり。震いて行くときは眚无し。〕

九四〔震いて遂に泥む。〕

六五〔震いて往くも来るも厲し。有事を喪う无きを億れ。〕

上六〔震いて索索たり。視ること矍矍たり。征けば凶。震うこと其の躬に于いてせず。其の鄰に于いてす。咎无し。婚媾言こと有り。〕

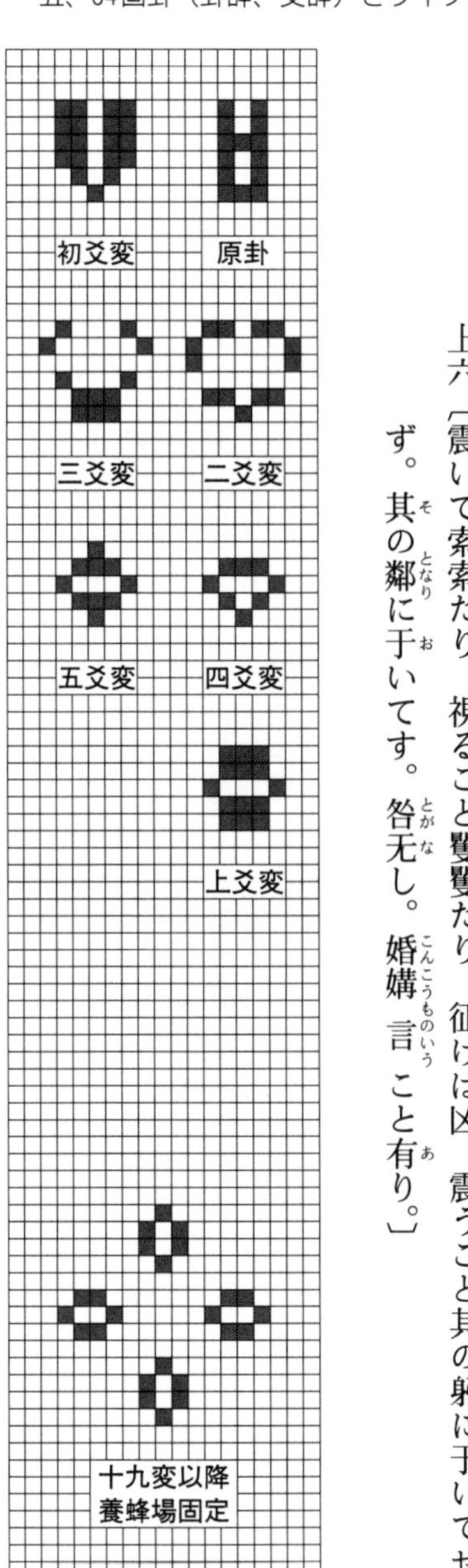

艮為山

卦辞　【其の背に艮まりて、其の身を獲ず。其の庭に行きて、其の人を見ず。咎无し。】

爻辞　初六〔其の趾に艮まる。咎无し。永貞に利あり。〕

六二〔其の腓に艮まる。拯わずして其れ随う。其の心、快ならず。〕

九三〔其の限に艮まる。其の夤を列く。厲きこと心を薫ぶ。〕

六四〔其の身に艮まる。咎无し。〕

六五〔其の輔に艮まる。言うこと序有り。悔い亡ぶ。〕

上九〔艮まるに敦し。吉。〕

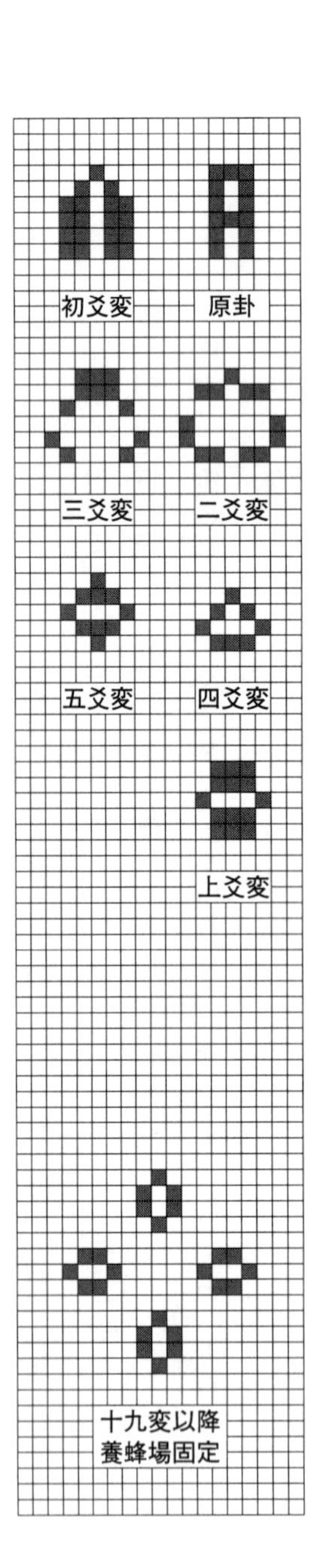

風山漸

卦辞

【漸は、女の帰ぐに吉。貞しきに利あり。】

爻辞

初六〔鴻、干に漸む。小子厲し。言うこと有れど、咎无し。〕

六二〔鴻、磐に漸む。飲食衎衎たり。吉。〕

九三〔鴻、陸に漸む。夫征きて復らず。婦、孕んで育われず。凶。寇を禦ぐに利あり。〕

六四〔鴻、木に漸む。或は其の桷を得。咎无し。〕

九五〔鴻、陵に漸む。婦三歳まで孕まず。終に之に勝つこと莫し。吉。〕

上九〔鴻、逵に漸む。其の羽用て儀と為す可し。吉。〕

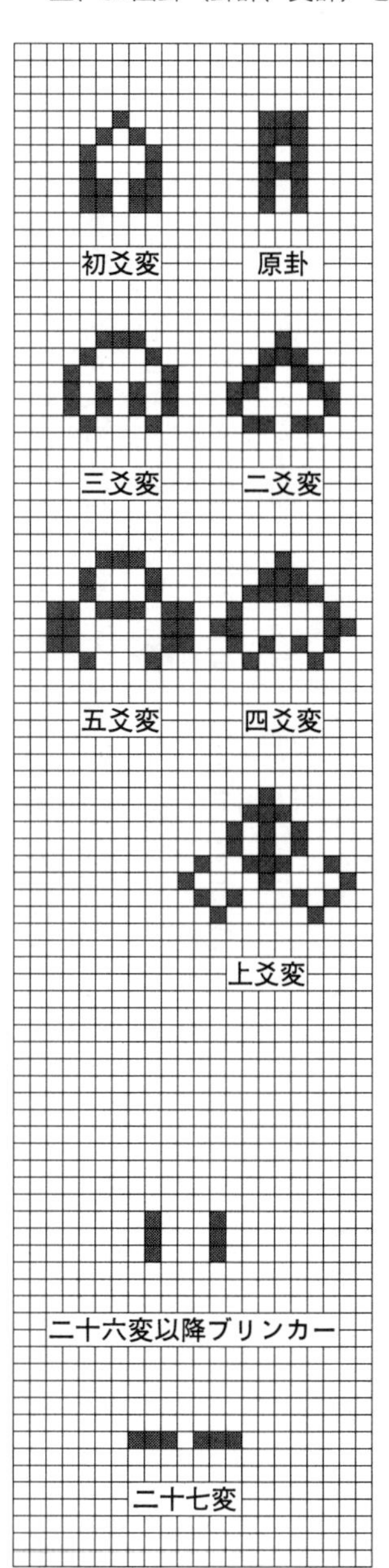

雷沢帰妹

卦辞

【帰妹は、征けば凶。利する攸无し。】

爻辞

初九〔帰妹娣を以てす。跛能く履む。征けば吉。〕

九二〔眇能く視る。幽人の貞に利あり。〕

六三〔帰妹以て須つ。反り帰って娣を以てす。〕

九四〔帰妹期を愆す。遅く帰ぐ時有らん。〕

六五〔帝乙妹を帰がしむ。其の君の袂、其の娣の袂の良きに如かず。月、望に幾し。吉。〕

上六〔女、筐を承ぐるに実无し。士、羊を刲くに血无し。利する攸无し。〕

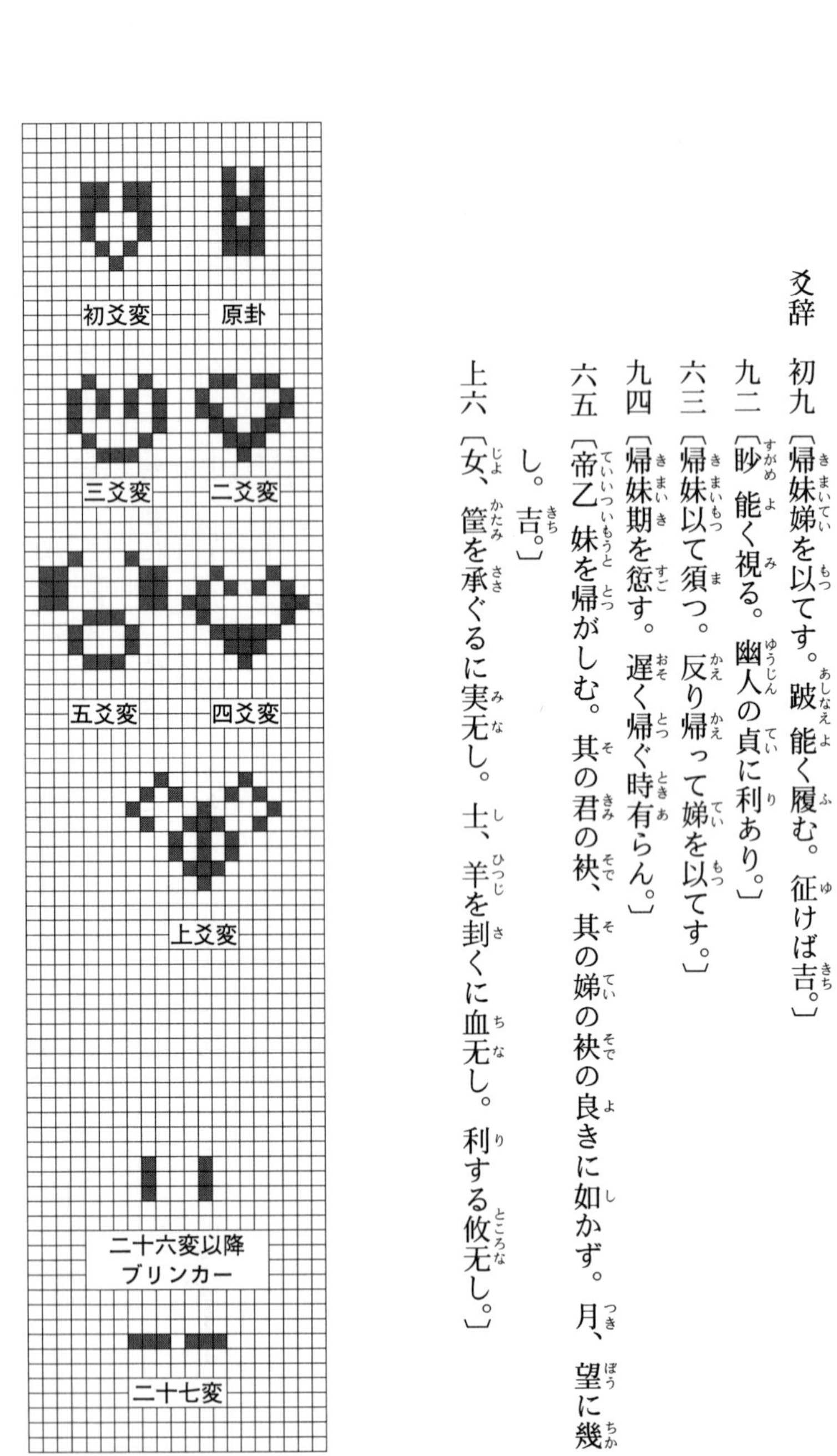

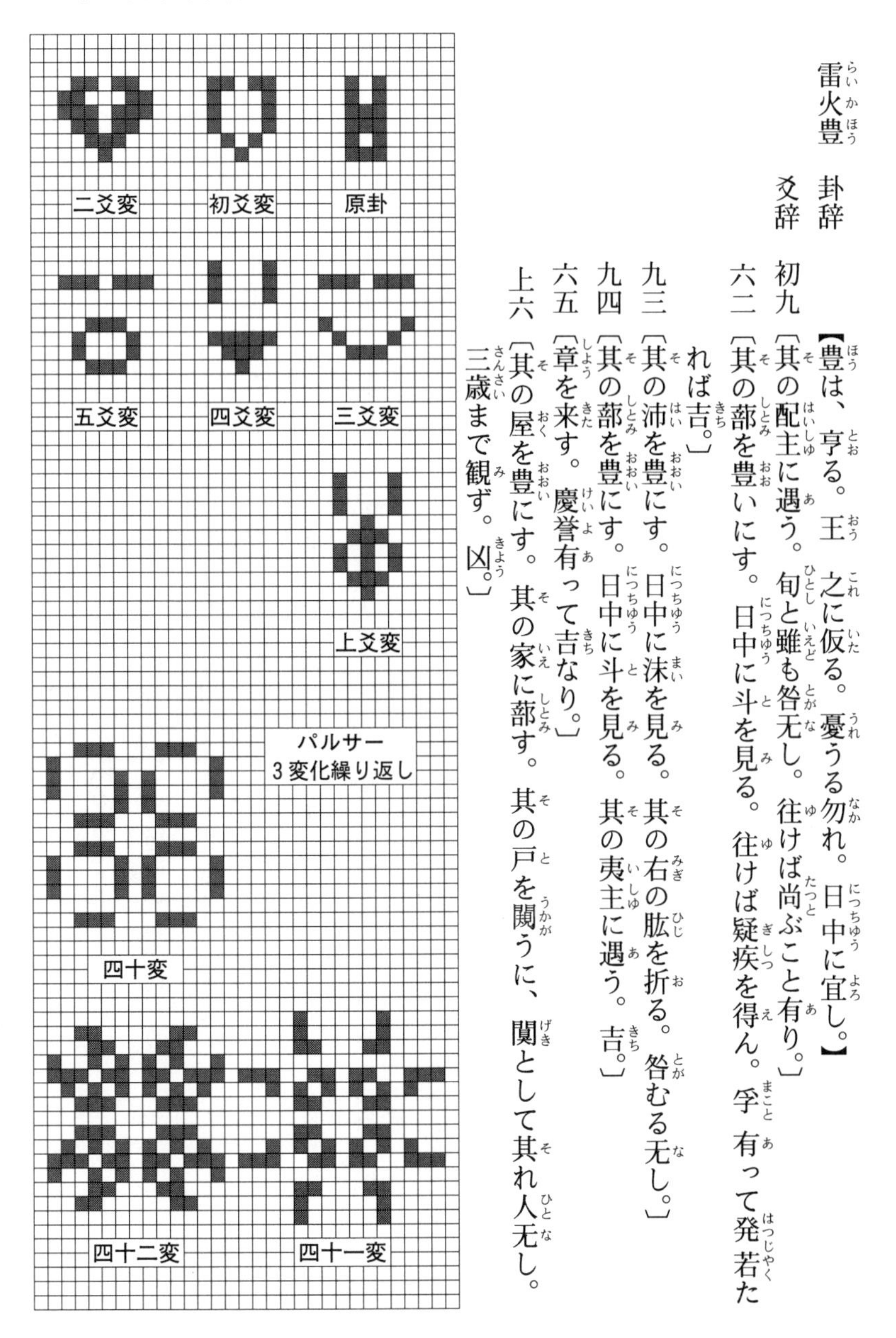

雷火豊

卦辞 【豊は、亨る。王之に仮る。憂うる勿れ。日中に宜し。】

爻辞

初九〔其の配主に遇う。旬と雖も咎无し。往けば尚ぶこと有り。〕

六二〔其の蔀を豊いにす。日中に斗を見る。往けば疑疾を得ん。孚有って発若たれば吉。〕

九三〔其の沛を豊にす。日中に沫を見る。其の右の肱を折る。咎むる无し。〕

九四〔其の蔀を豊にす。日中に斗を見る。其の夷主に遇う。吉。〕

六五〔章を来す。慶誉有って吉なり。〕

上六〔其の屋を豊にす。其の家に蔀す。其の戸を闚うに、闃として其れ人无し。三歳まで覿ず。凶。〕

火山旅

卦辞　【旅は小し亨る。旅の貞にして吉なり。】

爻辞　初六〔旅のとき瑣瑣たり。斯其の災を取る所なり。〕

六二〔旅のとき次りに即く。其の資を懐く。童僕の貞を得たり。〕

九三〔旅のとき其の次りを焚く。其の童僕の貞を喪う。厲し。〕

九四〔旅のとき于に処る。其の資斧を得たり。我が心、快からず。〕

六五〔雉を射て一矢もて亡す。終に以て誉命あり。〕

上九〔鳥其の巣を焚く。旅人先に笑い、後に号咷す。牛を易きに喪う。凶。〕

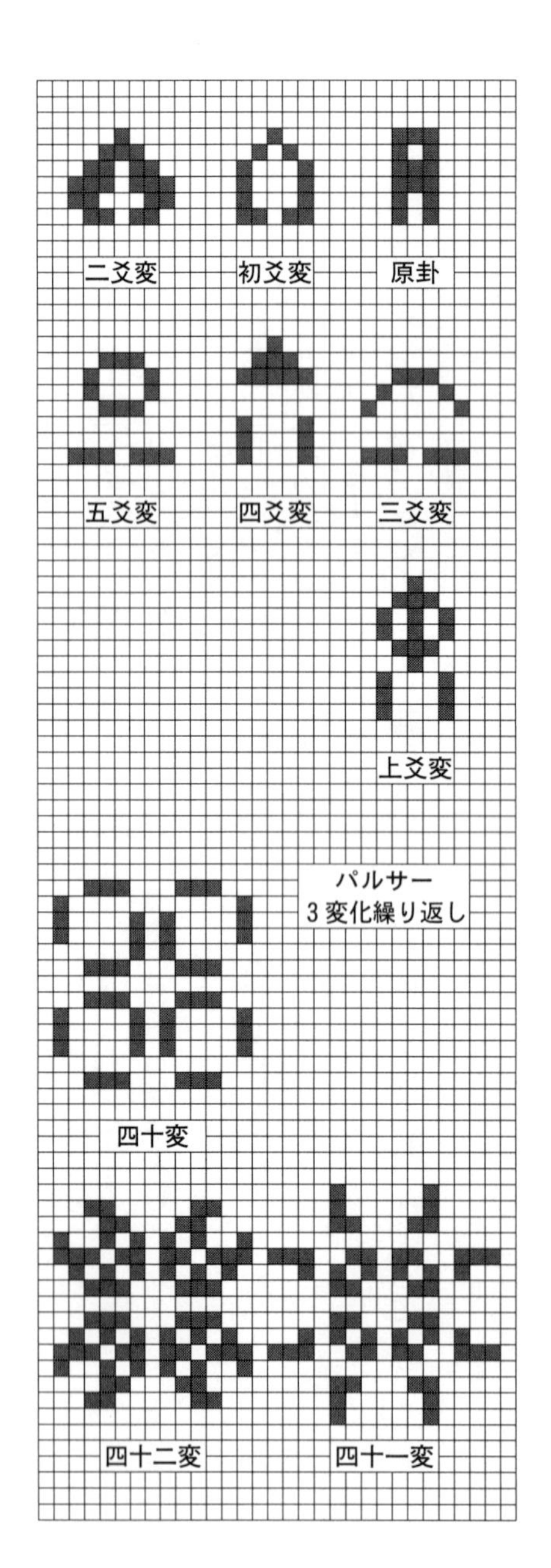

巽為風

卦辞

【巽は、小し亨る。往く攸有るに利あり。大人を見るに利あり。】

爻辞

初六〔進み退く。武人の貞に利あり。〕

九二〔巽のとき牀下に在り。史巫を用うること紛若たり。吉にして咎无し。〕

九三〔頻りに巽う。吝し。〕

六四〔悔い亡ぶ。田して三品を獲たり。〕

九五〔貞しければ吉にして悔い亡ぶ。利あらざる无し。初め无くして終り有り。庚に先だつこと三日。庚に後るること三日。吉なり。〕

上九〔巽って牀下に在り。其の資斧を喪う。貞において凶。〕

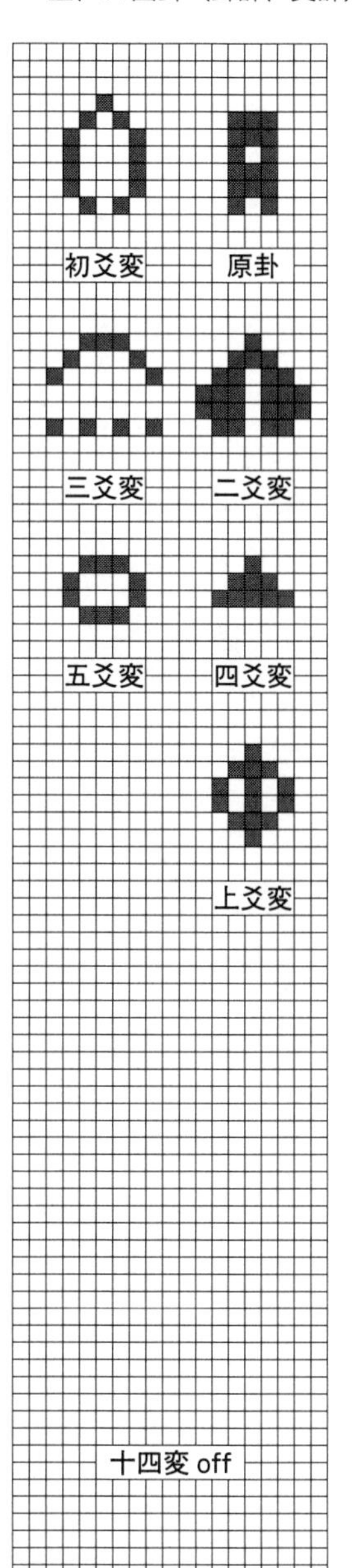

兌為沢

卦辞　【兌は亨る。貞しきに利あり。】

爻辞

初九〔和して兌ぶ。吉。〕

九二〔孚あって兌ぶ。吉。悔い亡ぶ。〕

六三〔来りて兌ぶ。凶。〕

九四〔商りて兌ぶ。未だ寧からず。介として疾めば喜び有り。〕

九五〔剝に孚あるときは厲きこと有り。〕

上六〔引きて兌ぶ。〕

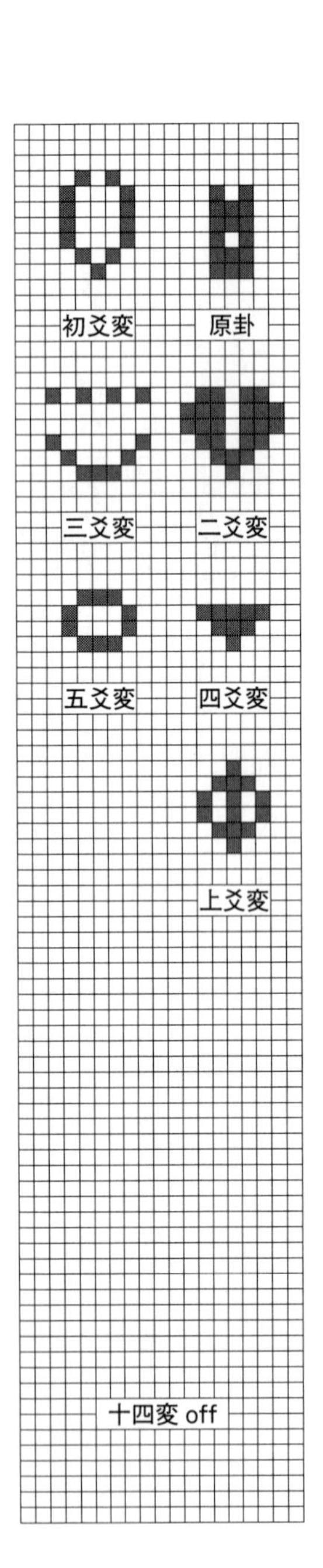

風水渙

卦辞

【渙は亨る。王　有廟に仮る。大川を渉るに利あり。貞しきに利あり。】

爻辞

初六〔用て拯う。馬壮んなれば吉。〕

九二〔渙のとき、其の杌に奔る。悔い亡ぶ。〕

六三〔渙のとき、其の躬、悔い无し。〕

六四〔渙のとき、其れ群せしむ。元吉なり。渙して丘有り。夷の思う所に匪ず。〕

九五〔渙のとき汗のごとく其れ大号す。渙において王として居る。咎无し。〕

上九〔渙のとき其の血去り、逖れ出づ。咎无し。〕

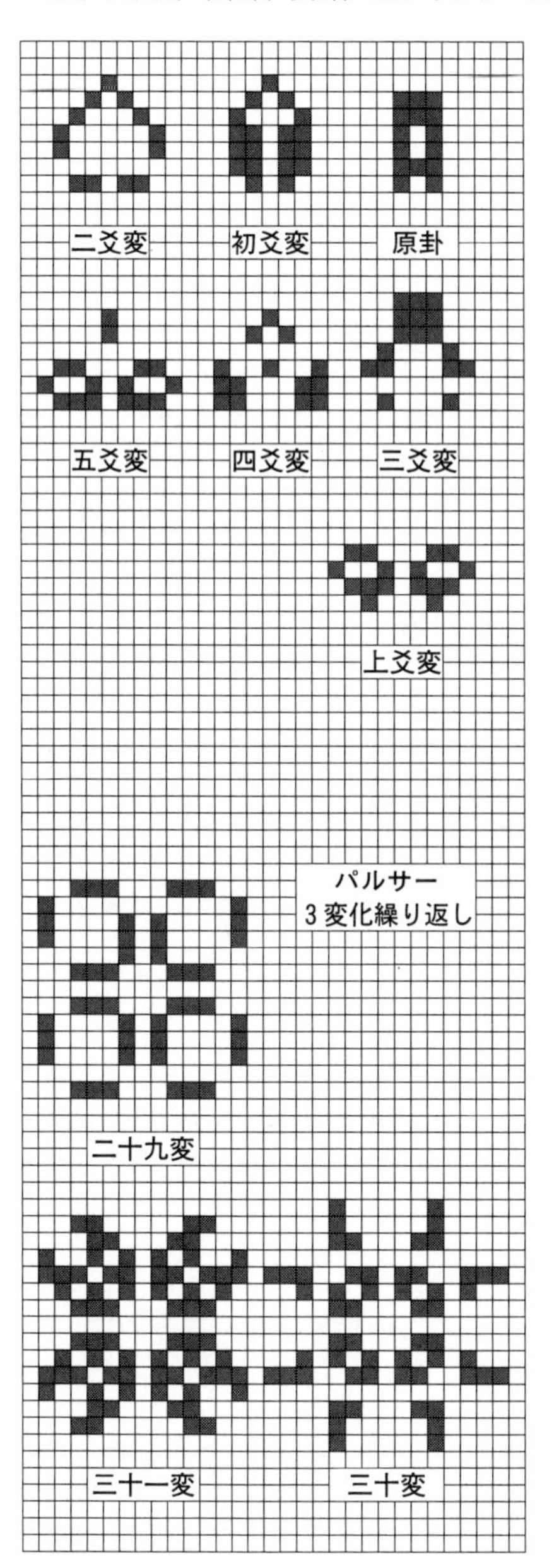

水沢節

卦辞　【節は亨る。苦節す。貞にす可からず。】

爻辞

初九〔戸庭を出でず。咎无し。〕

九二〔門庭を出でず。凶。〕

六三〔節若たらずんば嗟若たり。咎むる无し。〕

六四〔節に安んず。亨る。〕

九五〔甘節す。吉なり。往けば尚ぶこと有り。〕

上六〔苦節す。貞なるときは凶。悔ゆるときは亡ぶ。〕

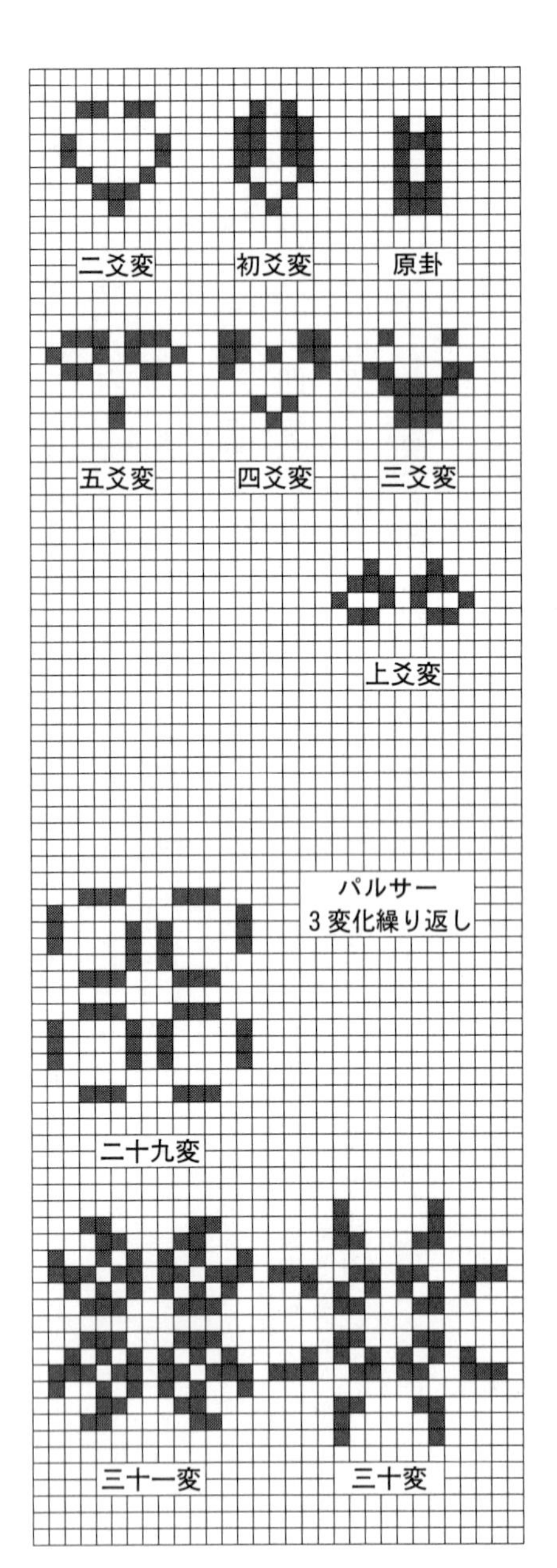

風沢中孚（ふうたくちゅうふ）

卦辞

【中孚は豚魚にして吉なり。大川を渉るに利あり。貞しきに利あり。】

爻辞

初九〔虞れば吉。它有るときは燕からず。〕

九二〔鳴鶴陰に在り。其の子之に和す。我に好爵有り。吾と爾と、之に靡る。〕

六三〔敵を得たり。或は鼓し、或は罷め、或は泣き、或は歌う。〕

六四〔月望に幾し。馬の匹亡うときは咎无し。〕

九五〔孚有り。攣如たり。咎无し。〕

上九〔翰音天に登る。貞なれば凶。〕

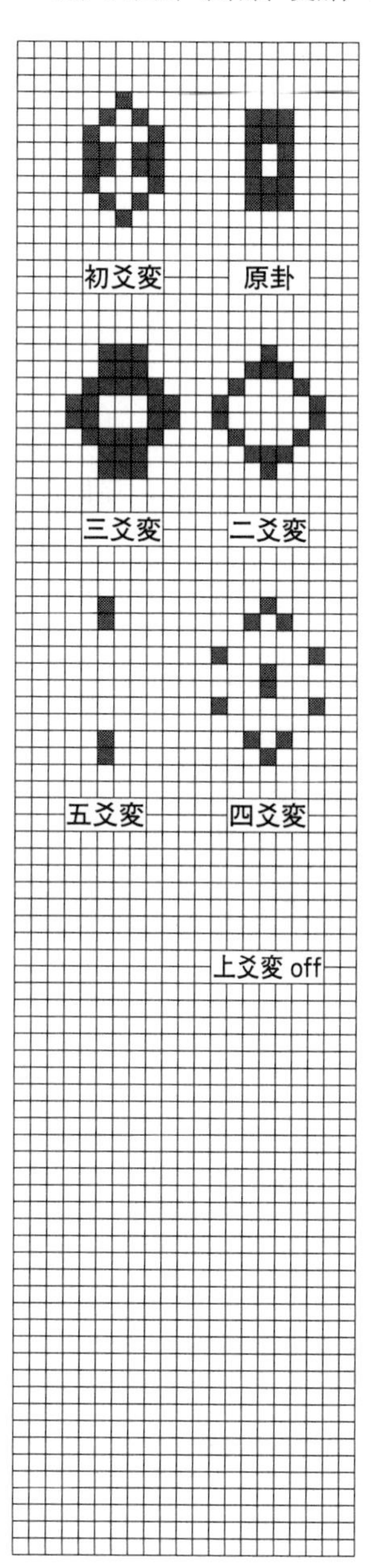

雷山小過　卦辞

【小過は亨る。貞しきに利あり。小事に可なり、大事に可ならず。飛鳥、之が音を遺す。上るに宜しからず。下るに宜し。大吉。】

爻辞

初六〔飛鳥 以て凶。〕

六二〔其の祖を過ぎて、其の妣に遇う。其の君に及ばず、其の臣に遇う。咎无し。〕

九三〔過ぎて之を防がず。従わば或は之を戕う。凶。〕

九四〔咎无し。過ぎずして之に遇う。往けば厲し。必ず戒めよ。永貞に用うること勿れ。〕

六五〔密雲して雨ふらず。我が西郊よりす。公 弋して彼の穴に在るを取る。〕

上六〔遇わず、之を過ぐ。飛鳥 之を離る。凶。是を災眚と謂う。〕

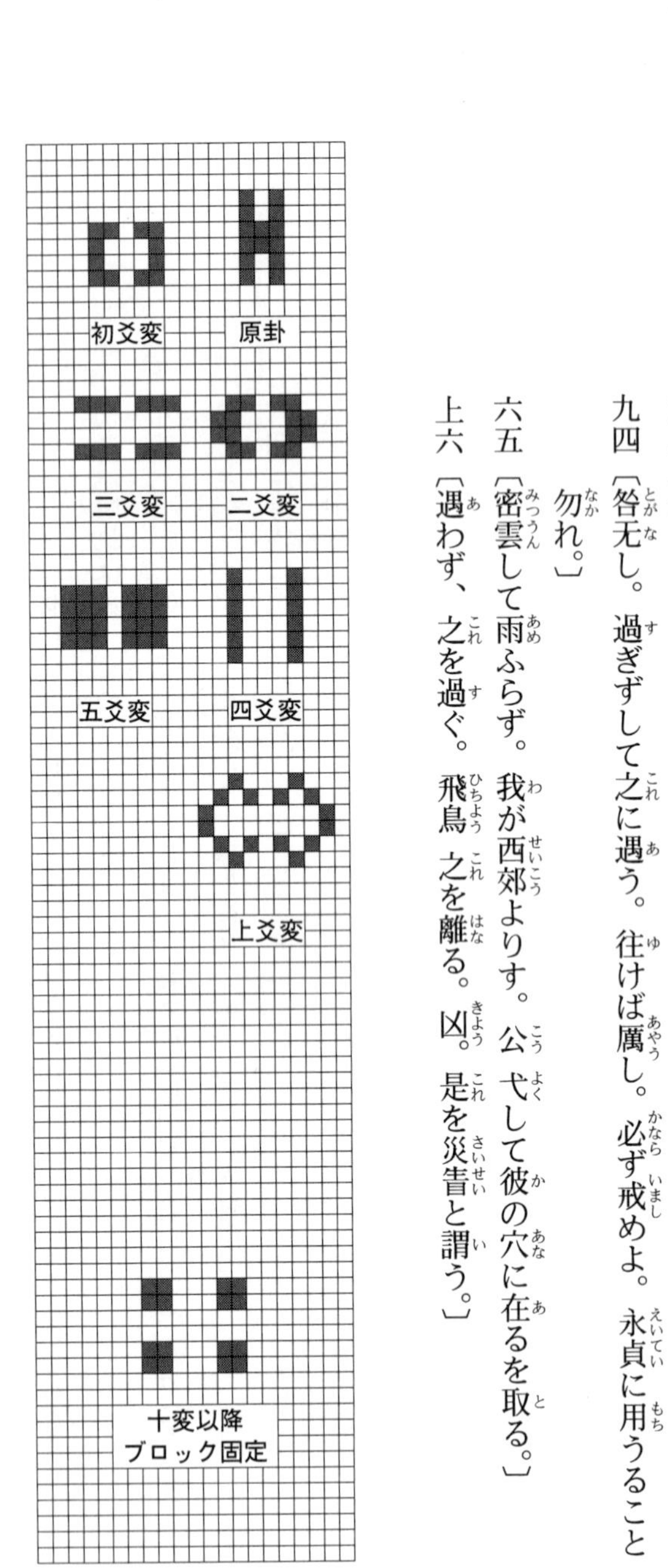

水火既済

卦辞

【既済は小さきものさえに亨る。貞しきに利あり。初めは吉、終りには乱る。】

爻辞

初九〔其の輪を曳く。其の尾を濡らす。咎无し。〕

六二〔婦、其の茀を喪う。逐う勿れ。七日にして得ん。〕

九三〔高宗、鬼方を伐つ。三年にして之に克つ。小人は用うる勿れ。〕

六四〔繻るに衣袽有り。終日に戒む。〕

九五〔東鄰牛を殺すは、西鄰の禴祭に如かず。実に其の福を受けん。〕

上六〔其の首を濡らす。厲し。〕

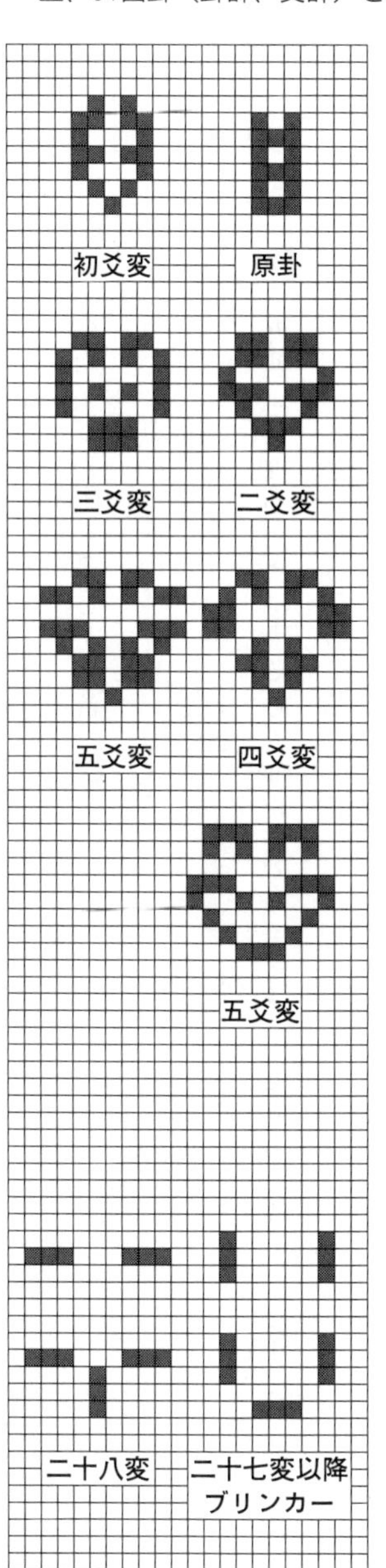

火水未済

卦辞　【未済は亨る。小狐汔として済る。其の尾を濡らす。利する攸无し。】

爻辞

初六〔其の尾を濡らす。吝し。〕

九二〔其の輪を曳く。貞にして吉。〕

六三〔未だ済らず。征けば凶。大川を渉るに利あり。〕

九四〔貞なるときは吉にして悔い亡ぶ。震きて用て鬼方を伐つ。三年にして大国に賞せらるる有らん。〕

六五〔貞吉なり。悔い无し。君子の光あり。孚有り。吉。〕

上九〔飲酒に孚有り。咎无し。其の首を濡らす。孚有りて是を失す。〕

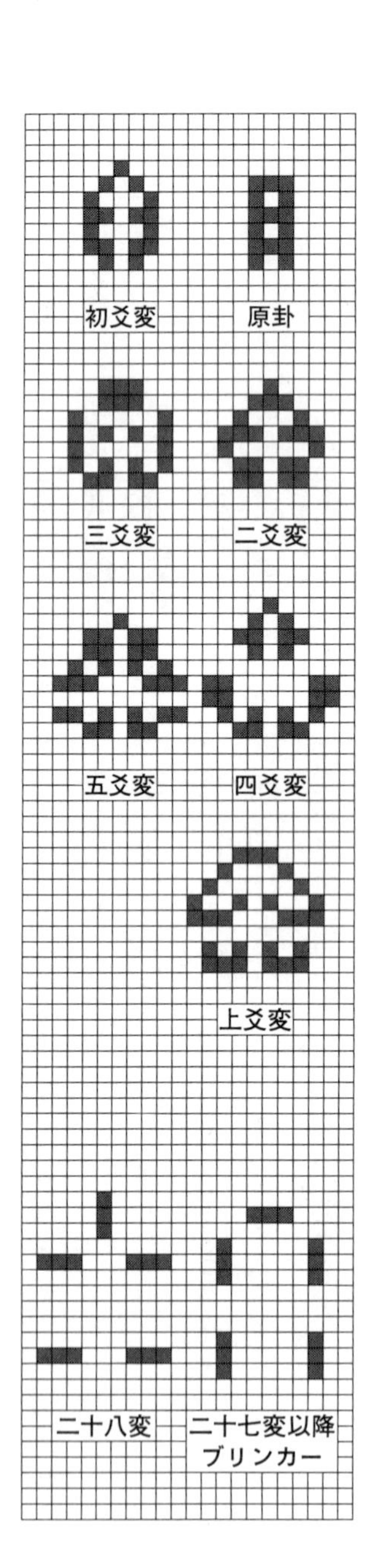

六、64画卦とライフゲームについての推考

【1】

易は先にも触れましたが、変化の書と言われています。64卦画、384爻の陰陽の変化をライフゲームは見事に反映しているようにおもえます。そのバリエーション豊かなパターンに、著者自身、ゲーム中に何度も息をのみハッとさせられました。卦辞は原卦に、爻辞の初は初爻変、二は二爻変、三は三爻変、四は四爻変、五は五爻変、上は上爻変に対応しています（用九、用六のみは、7爻変まで）。果たして爻辞が、ライフゲームのパターン（象形）と一致しているかというと、必ずしもそうではありません。今の私の見識では未だそれを読み解くまでに至っていません。

たとえば、乾卦の用九〔群龍を見る。首たる无ければ、吉。〕

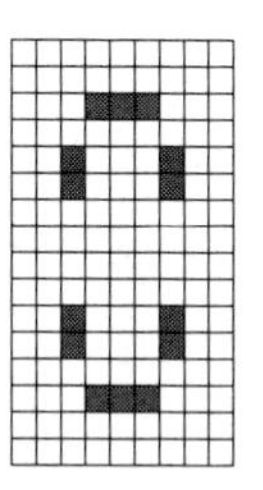

六匹の首のない龍が乾卦の象徴である円を描いているといえば、いえなくもありません。乾卦は円を坤卦は方（四角）を象徴しています。乾卦は四十七変で次頁図の円（養蜂場）と方（ブロック）で

固定されます。

乾卦は坤卦を包摂している卦であり、頷けます。その坤卦は、四爻変で二つの方（ブロック）で永久に固定されます。64卦画の始まりである乾卦、坤卦の象徴がライフゲームのパターンとすでに一致しているようにおもえるのは、ただの偶然の一致でしょうか。その偶然の一致をただの偶然の一致としない、そこを必然に変えてゆく力こそ易本来に備わっている生命力の強さのように思います。いままさに易はライフゲームの一翼によって、64卦画を瑞々しく躍動しはじめたようにおもえるのは、私だけでしょうか。

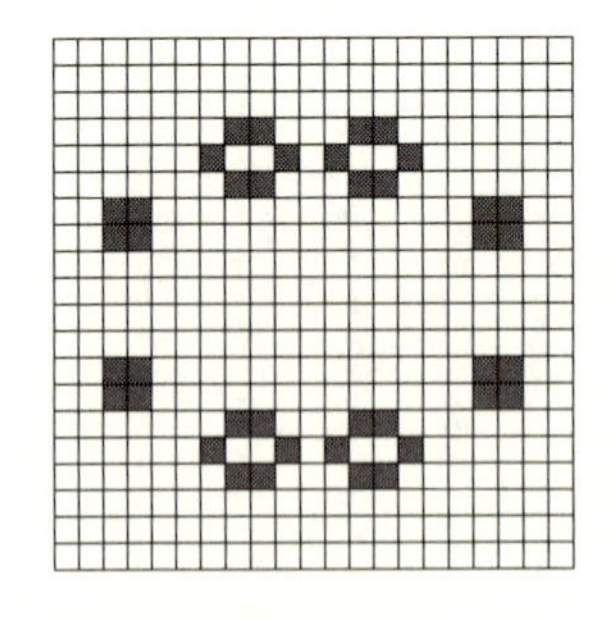

【2】
魏の王弼（226―249）は、24歳で夭折した早熟の天才でした。彼が残した『老子注』『易注』は不朽の著作として、後世にまで影響を与えました。易経は経（64卦画、卦辞、爻辞）と十翼とい

う解説書が一冊にまとまって、書物を成しています。経（本文）はさきの64卦画とライフゲームに載せているものです。乾為天から離為火までの三十卦を上経、沢山咸から火水未済までの三十四卦を下経といいます。本来十翼は本文の後に載せられていましたが、十翼のうち彖伝、象伝（大象伝、小象伝）、文言伝（乾卦、坤卦の解説）は、各卦、各爻の解説なので、卦辞のあとに彖伝と大象伝、各爻辞のあとに小象伝を割り当てることで、易経を読みやすくしたのです。それを考案したのが王弼です。

王弼は老荘思想の哲理から易を解釈したと言われます。王弼以前の易は漢易が主流でした。漢易は占筮が目的であり、漢代の思想の一大潮流は、天人相関説（「天」に代表される自然現象と人間界との相応ずることを説く、一種の機械論的学説）、あるいは天人合一思想でした。その思潮を反映したものが、易の六十四卦を一年三六五日の気候に配分する「卦気説」や、それに陰陽や五行などの民間伝承を融合させた煩雑な占筮のための易でした。占いで何かを当てようとすると様々な知識や情報、条件が必要になってくるとおもわれますし、また外れると相手を納得させられるだけの言い訳も必要になってきます。それゆえなおさら込み入ってきます。漢代の末には人々はそうした占いの宿命観に閉塞していたように思います。だれも定められた人生、逃れられない運命を享受できるものではありません。運命は自分次第で変えられるという自我の目覚め、そうした発露は時代の先後はありますが西洋も東洋も同じであったようにおもいます。漢易のように占筮を主にした易を象数易といいます。また王弼のように易を哲学的（人間社会に当てはめた）に解釈したものを義理易といいます。

一章三節で八卦の成り立ちを図式化しましたが、太極をどう捉えるかで、易の解釈も大いに変わってきます。王弼は太極を無として認識したのです。無が根本にあってこそ万物が生成されるという思想。また易を解釈するにあたって、王弼は一つの原則を立てました。経文はご覧の通り不可解で、整合性があるようでなく、そのためどんな解釈をも受容できる裾野の広さをもっています。そこで彼は一つの原則を立てることで、解釈のぶれを防ごうとしたのです。彼は経文を、ある人物の上に訪れる運命や事件の比喩とし、卦の初爻から上爻までの六爻を人間社会における位になぞらえたのです。

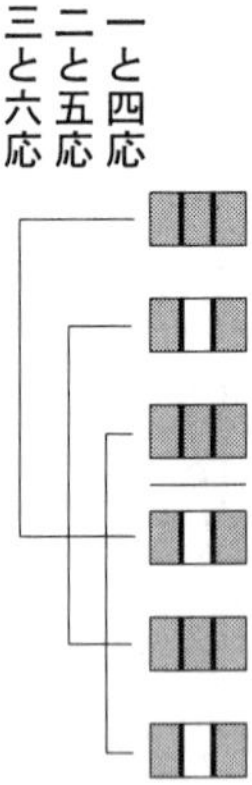

左図は、火水未済の卦を例に挙げ、爻の序列や中不正を示しました。位はまず下から、初爻は王弼は位無しとしたそうですが、位を当てると庶民、会社では平社員に当ります。二爻は士、江戸時代でいえば武士とか庶民の上の階級の人です。会社では係長に当たるでしょう。三爻は大夫は地方の長官、会社では課長クラスです。四爻は国でいえば大臣、会社では部長級です。五爻は君主、会社では社長です。六爻の中で最も権力の強い人です。上爻は初爻と同等で王弼は位無しとしました。敢えて位を与えれば、上皇（退位した天皇）、世間では社長職を退いた会長あたりではないでしょうか。位無しとはいえ、初爻も上爻も位への執着は多少ともあるものです。

上下に三爻ずつ分ける	偶（陰）奇（陽）	位
不中	六. 陰位	
中正	五. 陽位	君子
不中	四. 陰位	大臣
不中	三. 陽位	大夫
中正	二. 陰位	士
不中	一. 陽位	

一と四応
二と五応
三と六応

つぎに卦の六爻は下から、初（一）、二、三、四、五、上（六）ですが、奇数が陽位、偶数が陰位です。そのため⚊が陽位に⚋が陰位に居ることを正、居ないことを不正といいます。火水未済はすべて不正です。逆に水火既済はすべて正です。位が正しいのが理想でしょうが、そればかりで吉とならないのが易の深さです。

つぎに卦を三爻ずつ上下に分けると、上は八卦でいうと離、下は坎になります。上を上体または上卦、下を下体または下卦とも呼びます。上卦、下卦の真ん中の爻は、火水未済でいうと六五、九二になります。四書に『中庸』という経典がありますが、中国では昔から中の徳を貴んできました。簡単にいえばほどよいバランスを保ちながら誠の精神をもって歩んでいくという意味でしょうか、卦でもとくに五と二の爻を重要視しています。これまた五の陽位に⚊（陽）、二の陰位に⚋（陰）があるのが理想です。

また六爻の中には応の関係も生じます。上体と下体を重ねると、初は三と、二は五と、三は六と重なります。これが応の関係になります。初と二、二と三、三と四、四と五、五と上はもっとも近い比の関係です。しかし比の関係よりも応の関係の方がかたく強いものに説かれています。応も比もお互いが陰陽どうしならばひかれ合いますが、陽どうし陰どうしならば反発し合う関係にもなります。それと六爻の中で陰が陽の上にあることを「乗（じょう）」、陰が陽の下にあることを「承（しょう）」といいます。前者は陰が陽をしのぎ、後者は陰が陽にかしずいている関係になります。以上のようなルールを踏まえて、

ていきました。王弼は、「そもそも卦は時なり、爻は時の変化なり」といっています。

王弼は卦辞や爻辞を解釈しています。

この節での参考文献は、『易の世界』（加地伸行編・中央公論社 一九九四年）〔204頁～235頁〕、『易の話』（金谷治著・講談社 二〇〇三年）〔158頁～200頁〕です。また私がこの文章を書いている最中に運よく、『王弼の易注』（塘　耕次著・明徳出版社 二〇一八年七月）が届きました。新刊本です。さっそく参照、引用〔461頁～485頁〕させて頂きました。とてもタイムリーなので驚きました。著者ならびに出版社に感謝と敬意を表します。

【3】

『ライフゲイムの宇宙』（ウィリアム・パウンドストーン著 有沢誠訳・日本評論社 一九九〇年）〔12頁～23頁〕に、ライフゲイムの特徴が書かれています。ここに引用します。

「コンウェイは、ライフゲイムの宇宙、すなわち仮想的に無限の画面は、われわれの宇宙に比べて、同じくらい豊かであることも示した。われわれの世界にある変化、複雑さ、パラドックスのすべてを、ライフゲイムの2次元平面に圧縮することができる。われわれの現実の世界のどの側面についても、それを正確にモデル化できるライフゲイムの物体が存在する。」

「任意の時点で、ライフゲイムの宇宙はどのセルがオン状態かを示すことで完全に記述できる。時間の流れは離散的であり、ディジタル時計の形をとる。時刻の単位を世代（generation）あるいは刻（tick）とよぶこともある。ある時刻の状況によって、次の時刻の状況が決まる。その状況からさらに次の時刻の状況が決まる。ライフゲイムでは、すべてがあらかじめ予測可能である。ライフゲイムの規則は、人間が適応してもよく、コンピューターに適応させてもよい。」

「ライフゲイムの規則を、仮に隣にオン状態のセルがあれば新しくオン状態が誕生し、どのセルも決して死なないと定めてやると、すべてのパターンは結晶のように際限なく増大していくことになる。いっぽうまた、セルの成長を抑えるような規則を採用してあれば、ほとんどの世界は最終的に消滅に向かう。コンウェイは成長と消滅をきわめて注意深く調和させて、ライフゲイムをすばらしく驚くべき世界にしたのである。」


これはライフゲームに関する説明ですが、私は王弼が卦画（かかく）を解釈する上で立てた規則と大変似ている気がしました。ライフゲームは無限に広がる碁盤の目が太極ということになるでしょう。王弼は易は六四の時のパターンがあり、三八四通りの時の変化があると説きます。ライフゲームのある時刻の状況によって、次の時刻の状況が決まる。その状況からさらに次の時刻の状況が決まるというパターンは、易の変化のパターンと同じです。先のライフゲームの説明で、コンウェイを王弼、ライフゲイムを易の64卦画に入れ替えてみます。

「王弼は、易の64卦画、すなわち仮想的に無限の画面は、われわれの宇宙に比べて、同じくらい豊かであることも示した。われわれの世界にある変化、複雑さ、パラドックスのすべてを、易の64卦画の2次元平面に圧縮することができる。われわれの現実の世界のどの側面についても、それを正確にモデル化できる易の64卦画の物体が存在する。」

ぜんぜん違和感を覚えません。皆様はいかがでしょうか?

そこで私が導き出した推論は、易の64卦画は人間および森羅万象(しんらばんしょう)※の仮想的宇宙観念なのではないでしょうか。公田連太郎氏（1874—1963）が『易経講話四』（明徳出版社 一九五九年）で、すべての卦の説明を終えられた後、「これで、六十四卦のお話は一通り終った。易の重要なる部分のお話はこれで終ったのである。しばしばお話したように、六十四卦には各々個性があり、相似て居る者もあるが、皆、相異なって居るのである。そうして、その一卦の六つの爻の各々の爻も、皆、それぞれ異なって居るのである。即ち(すなわ)一つ一つの卦は各々個性を持って居り、其卦の六爻が各々個性を持って活動して居ることが見えるように御読みなさることを希望する。そうして、是等の六十四卦を引っくるめて、太極に帰著して居り、周易の大曼荼羅を作って居るのである。逆に言えば、太極から両儀・四象・八卦・六十四卦と発展し、そうして六十四卦を作って居る三百八十四爻が一つ一つ個性を持って居り、ぴちぴちと活動して居るのである。」

仮想的宇宙観念（大曼荼羅）の中を、六十四卦を作って居る三百八十四爻が一つ一つ個性を持って、いまもこの瞬間にぴちぴちと活動して居る、ライフゲームの盤上のうえのように。

※私の造語になります。日常の生活中でも物理学や科学の法則は惑星の動きのように日々刻々と休みなく働き続けています。しかし我々の日常性は必要のない限りそのことをあまり意識しません、というより出来ません。我々の日常性からすると物理学や科学の法則の方が仮想的におもえるものです。そのように易の真理や哲理もまた同じことがいえます。我々の日常や森羅万象すべての中でつねに働き続けている作用、六十四卦、三百八十四爻の循環のことを仮に「仮想的宇宙観念」と名付けました。

私はこの著述に当たって、64卦画をメインに推考してきました。カオスの中の法則、ライフゲームとすべて卦形の問題です。易は古代中国から発展し、64卦画に卦辞、爻辞が付され、また十翼という解説書も作られました。易は三世を更といわれ、64卦画は伏義氏、卦辞は文王、爻辞は周公旦（文工と周公は親子なので一世にします）、十翼は孔子の作といわれています。儒教の聖典としてそれは不文律の歴史の流れです。易が古代中国から最高の叡智でもって読み解かれてきたという中国思想の拠り所であり中国人の矜持に他なりません。宋代の程伊川（1033―1107）、朱熹（1130―1200）はその当時台頭してきた仏教や道教から儒教の保守、強化に努めました。程伊川は王弼のように義理易ですが、儒者の立場から人倫道徳の説をもって易を解釈しました。また朱熹は『周易本義』『易学啓蒙』を著し、易の占いの書としての活用を復活させ、象数易と義理易の両面から易を解釈しました。朱子は存命中は偽学とされ多少とも弾圧を受けましたが、その後元から明の時代は朱子学は全盛して、我が国でも徳川時代の終わりまで隆盛しました。易が象数易と義理易の両面を合わせ持っていることが、易の最大の生命力であり魅力でもあります。庶民は占いから64卦画、卦辞、爻辞をしぜんに受け入れ、武士階級以上は義理易として四書五経を日々勉強していました。生類憐みの令で知られる徳川綱吉（1646―1709）は自ら易経の講釈を何年にも渡り足下の者たちにしていたとのことです。

象数易を陽とすると義理易は陰、また儒教を陽とすると、老荘思想は陰ということになるでしょうか、ようは易はどんな見方や立場からでも解釈される包容力と、それを融合して新しい何かを生成してゆくアメーバ的な生命力と強靭さを兼ね備えています。人間がどんなに努力をはらってやっと易の真髄をつかみ得たとしても、それは仮想的宇宙観念のほんの一部の仮象に過ぎないような気がします。仮想的宇宙観念のほんの一部の仮象を人間界に当てはめて、占いでいえば当たった当たらないといっているようなものです。もっと人間の解釈とはちがった卦辞、爻辞、十翼もあってもいいような気がします。だが、それはこれまで人類がつくり上げてきた文化、歴史、すべていま眼前にある光景（これまで連綿と続いてきた人々の営み）を否定することに他なりません。人類の歴史のなかで中国の最高の叡智で解釈されてきた易は我々の生活や文化の中で意識的、無意識的に関わらず、いまもなお人々の暮らしや心の中に浸透しており、それが東洋思想のルーツ（根源）をなしているからです。

【4】

(1) 64卦画とライフゲームのパターンについて

①錯卦（さくか）は、陰陽がすべて反対の卦をいいます。たとえば乾為天と坤為地。

乾為天（けんいてん） 　坤為地（こんいち）

他には山雷頤と沢風大過、坎為水と離為火、風沢中孚と雷山小過。ペアで合わせて4卦です。

②綜卦（そうか）は卦の上下を反転した卦のことです。

水雷屯（すいらいちゅん） 　山水蒙（さんすいもう）

上経にペアで11卦、下経に14卦。

③錯卦、綜卦を併せもつもの。

地天泰 　天地否

他には風山漸と雷沢帰妹、水火既済と火水未済。ペアで合わせて3卦です。

ライフゲームに①の錯卦を当てはめると、隣り合うその二卦は全く違ったパターンの模様を描きます。②の綜卦と③では隣り合う二卦は上下反転した形なので、ライフゲームのパターンも上下反転した模様を描いていきます。

(2) 最終的に終わる模様が同じのもの、あるいはｏｆｆ（消滅）のものを調べました。

①

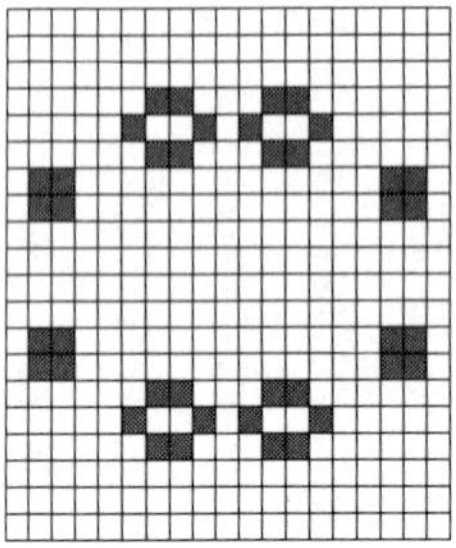

四十七変し、養蜂場とブロックに固定するもの。6卦。乾為天。風天小畜。天沢履。天火同人。

火天大有。離為火。

②

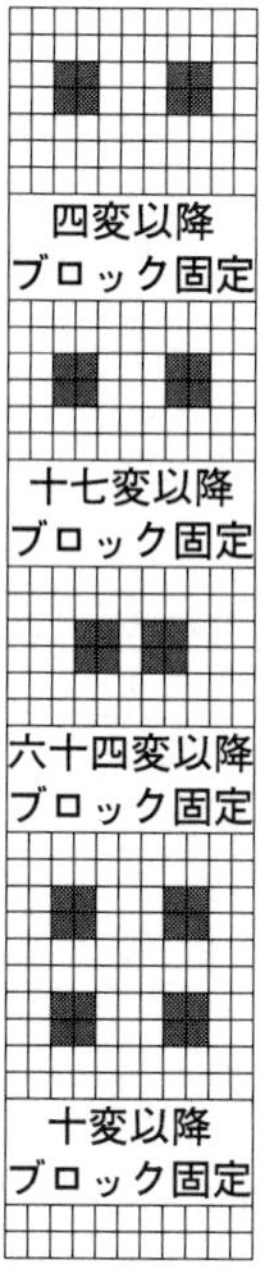

四変以降
ブロック固定

十七変以降
ブロック固定

六十四変以降
ブロック固定

十変以降
ブロック固定

四変し、二つのブロックに固定するもの。3卦。坤為地。地山謙。雷地豫。

十七変し、二つのブロックに固定するもの。4卦。火雷噬嗑。山火賁。山沢損。風雷益。

六十四変し、二つのブロックに固定するもの。2卦。天雷无妄。山天大畜。

十変し、四つのブロックに固定するもの。1卦。雷山小過。

③

十九変以降
養蜂場固定

十四変以降
固定

十九変し、養蜂場に固定するもの。6卦。水雷屯。山水蒙。山地剝。地雷復。震為雷。艮為山。

十四変し、蜂の巣一つに固定。2卦。風火家人。火沢睽。

④

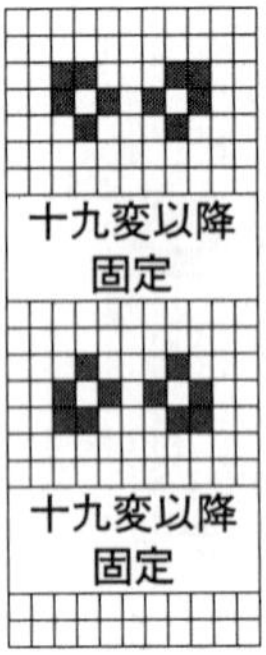

十九変し、前図の形に固定するもの。2卦。上が沢雷随。下が山風蠱。

⑤

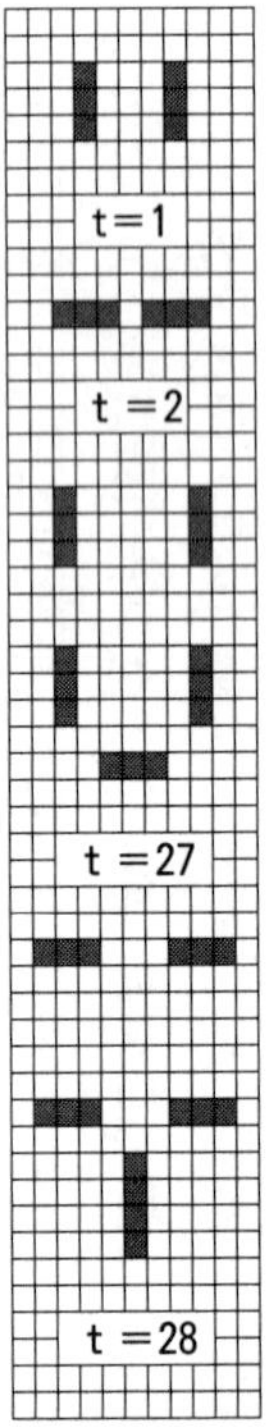

t＝4、t＝5から2つのブリンカーになるもの。2卦。沢山咸。雷風恒。

t＝6、t＝7から2つのブリンカーになるもの。4卦。地沢臨。風地観。火地晋。地火明夷。

t＝26、t＝27から2つのブリンカーになるもの。4卦。地天泰。天地否。風山漸。雷沢帰妹。

t＝27、t＝28から5つのブリンカーになるもの。2卦。水火既済。火水未済。（上下反転します。

図下は水火既済）

⑥

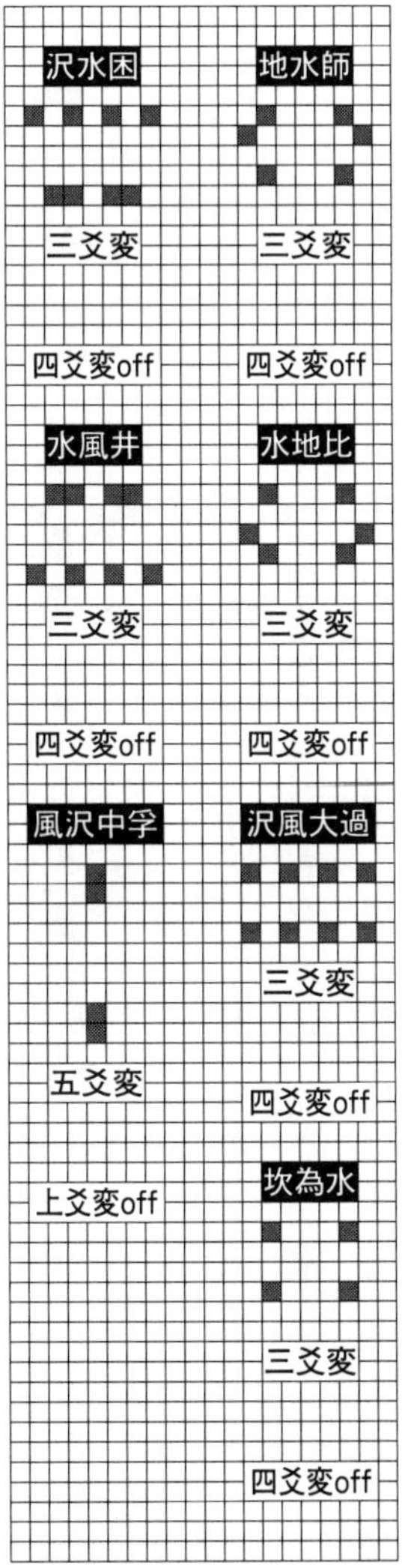

四爻変にてｏｆｆになるもの右図にて、6卦。地水師。水地比。沢風大過。坎為水。沢水困。水風井。

上爻変にてｏｆｆになるもの、1卦。風沢中孚。

⑦

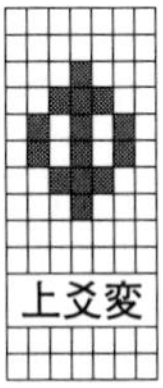

上爻変が右図になり、その後十三変して十四変でｏｆｆになるもの。8卦。

水天需。天水訟。沢天夬。天風姤。沢火革。火風鼎。巽為風。兌為沢。

⑧

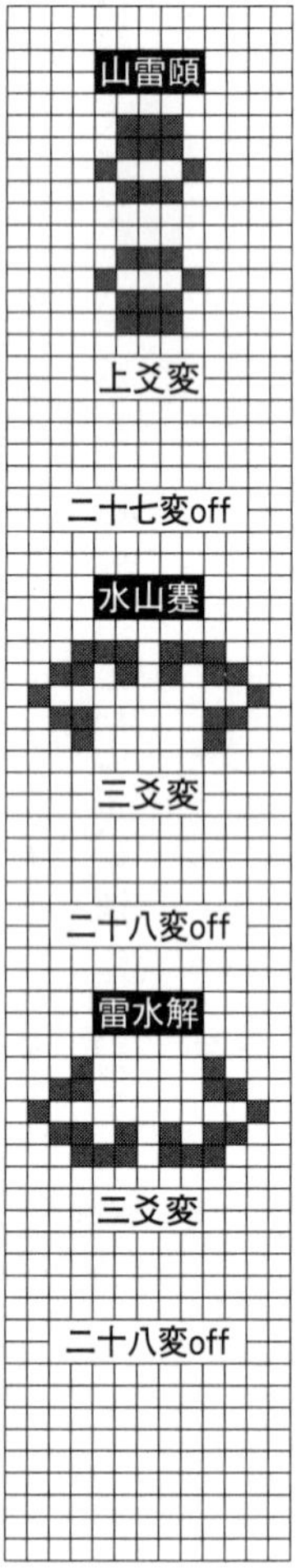

上爻変が右図になり、その後二十六変して二十七変でｏｆｆになるもの。1卦。山雷頤。

上爻変が右図になり、その後二十七変して二十八変でｏｆｆになるもの。2卦。水山蹇。雷水解。

山雷頤

上爻変

二十七変off

水山蹇

三爻変

二十八変off

雷水解

三爻変

二十八変off

⑨

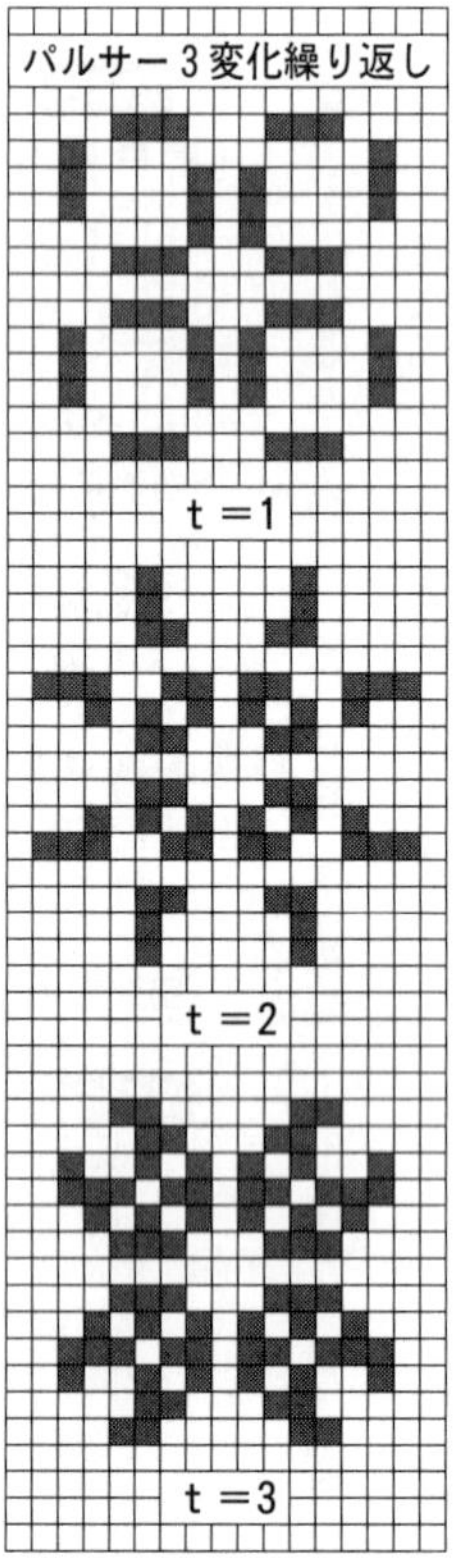

ｔ＝25、ｔ＝26、ｔ＝27からパルサー3変化を繰り返すもの。2卦。沢地萃。天水升。

ｔ＝29、ｔ＝30、ｔ＝31からパルサー3変化を繰り返すもの。2卦。風水渙。水沢節。

ｔ＝40、ｔ＝41、ｔ＝42からパルサー3変化を繰り返すもの。4卦。天山遯。雷天大壮。雷火豊。火山旅。

パルサー3変化繰り返し

t＝1

t＝2

t＝3

【5】

4節の結果から、64卦画をライフゲームのパターンで類別すると次になります。

①最終的に養蜂場と4つのブロックに固定するもの。6卦。
②最終的にブロックに固定するもの。10卦。
③最終的に養蜂場あるいは蜂の巣になるもの。8卦。
④最終的に十九変し、仮装用のメガネのような形に固定するもの。2卦。
⑤最終的に2つ、あるいは5つのブリンカーになるもの。12卦。
⑥最終的にｏｆｆになるもの。18卦。
⑦最終的にパルサー三変化を繰り返すもの。8卦。

ライフゲームの規則に当てはめると、最終的に64卦画は7つのパターンに類別できるということです。ライフゲームの規則からｏｆｆ状態から始めると永久にｏｆｆ状態であり、またすべてのセルがｏｎ状態なら次の時刻はすべてのセルがｏｆｆ状態になり、その後は永久にｏｆｆ状態がつづきます。ライフゲームの世界ではｏｆｆ状態が、陽（ｏｎ）と陰（ｏｆｆ）を含んだ仮想的太極と言えるかもしれません。64卦画のライフゲームのパターンが最終的にｏｆｆが18卦と全体のほぼ3割というのも納得できます。最終的には太極に立ち戻るのです。また最長の変化は、天雷无妄と山天大畜の六十四変でした。

各卦、各爻のライフゲームの変化は、ダイナミックで、生命力に溢れ、人の顔の表情のように見えたりただの幾何学的な模様であったり、それに卦辞と爻辞をからめると、また新しい解釈も生まれてきそうです。ライフゲームの碁盤の目は無限に広がり無限にｏｎとｏｆｆを繰り返します。卦を作って居る３８４爻が一つ一つ個性を持って、ぴちぴちと活動しているのがライフゲームによって十分に認識できます。私の記載は上爻変までと、その後の固定かｏｆｆまでの段階なので、その途中の変化のバリエーションが抜けています。ぜひ皆様各自でライフゲームに64卦画を当てはめて、その変化のバリエーションを検証してみてください。

エピローグ

一、易の展望

中国の古くからの諺（ことわざ）に、「易と説文には淫（いん）するな」という戒めがあります。「淫する」という言葉がまた妖しさを際立たせています。『大辞林』第三版によりますと、①『度をすごして物事に熱中する。耽溺する。おぼれる。「酒色に――・する」「賭博に――・する」「書に――・する」』で、②番目の意味は、淫行で、みだらなことをする。性行為をする、とあります。説文とは一章で触れた説文解字のことです。易と説文解字は、深くて女に溺れるように魅惑的で危険ですよとの戒めです。まさにその通りです。ここ数年来易の迷宮に迷いこんでいた私なので、しかりと頷けます。

どんな易の本でも読めば必ず新しい知識がふえ、なるほどと思うのですが、伝統のうえに伝統を上塗りしていくばかりで、その真理は永久に隠されたままです。占筮（うらない）の書（象数易）としてよめば、象がいろいろな事物に当てはめられ、その機知に驚くばかりですが、どうも無理やりこじつけたような嫌いもいなめません。また儒教の哲学の書（義理易）として読めば、卦辞や爻辞が人事に当てはめられ、なるほどと納得させられ、大いに実人生にも役に立つのですが、易に本来備わっている生命力やその逞しさが十二分に発揮されず、物足りません。ほんとうに古来より易は人間の手では扱いにくい書物です。

たとえばその原型にある64卦画は禽獣蟲魚草木、地上のあらゆる生物の個々の解釈があってもおかしくはないとおもえるし、未知の星に住む異星人の解釈があってもけっして不思議ではありません。64卦画のなかには人間を含め宇宙、森羅万象なにものにも働きつづけている不変の法則があるからです。

わが国で主流の易は江戸時代から朱熹の『周易本義』『易学啓蒙』でした。象数易、義理易の両面をあわせもつ朱熹の説は、片や官学として武士の必須の書物として学ばれ、もう一方は占筮の書として庶民に流行りました。易に備わった力が十分に発揮された時代だといえるでしょう。二〇一九年五月一日より元号が平成から新しい元号（元号は易経の中の言葉が使用されることが多い、近くは明治、大正）に改まります。易が活発に働いている時代は、変易し不易し易簡し、宇宙、森羅万象が活性化していきます。著者一人の人生をとってしても易に出会い、変易、不易、易簡を感得することで、楽に生きられるようになったとおもいます。卦辞、爻辞は、その時代時代であらゆる読み取り方が可能で（変易）、その中には物理学で示したような（不易）の力が働いていて、それを知ることで楽（易簡）に生きられるということです。易のなかの真理は読者のいかんによって様々な光彩を放ちます。無尽蔵です。改元の時をむかえ、著者の思いとしては『易』あるいは『易経』、または『周易』という三つの名をもつ、この不思議な書物に少しでも多くの人々が関心を寄せてほしいということです。

ユングは、友人の亡くなったリヒャルト・ヴィルヘルムの『I CHING or book of changes』の英訳版の出版に際して、「易経」を一人の人格を有した何者かにたとえて、その出版の可否について占筮（うらない）に問いました。火風鼎（かふうてい）の卦を得ました。九三、九二が変爻です。ユングはその結果にこう解釈を与えます。「……易経氏は自分のすぐれた性質が認められないまま、ほうっておかれていることに対して、嘆いているのである。しかし、彼は、自分の価値はふたたび認識されるだろうという希望によって、みずから慰めているのである。」と（「易」心理学入門・定方昭夫著　一九九七より）。

易の置かれている立場は、ユングのころも今もさして変わらないような気がします。易経氏は、太古より我がよき理解者を求めて、焚書坑儒で危うく燃やされる危機さえのり越え、いまも変易しながら、イモリやライフゲームのように何度も自己再生をくり返しながら逞（たくま）しく生き続けているのです。いかなる時代にも屈することなく（それは易経氏が存在以前からくり返し体験してきたサイクルに過ぎない）、人間よりもさらに長く生き続けなければならない易経氏自身の使命として。

二、フラクタル

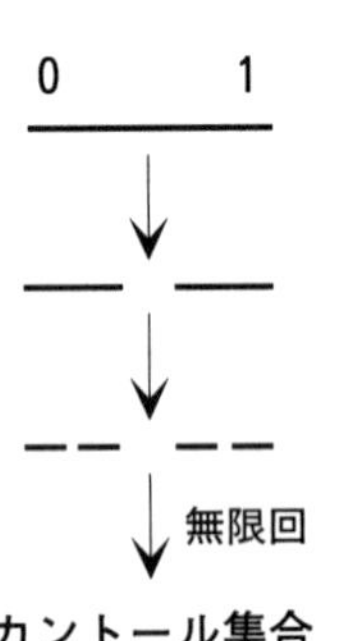

まず［0，1］を三等分して真ん中を取り除くと、［0，$\frac{1}{3}$］⊂［$\frac{2}{3}$，1］となります。さらにそれぞれを三等分して真ん中を取り除くと、［0，$\frac{1}{9}$］⊂［$\frac{2}{9}$，$\frac{3}{9}$］⊂［$\frac{6}{9}$，$\frac{7}{9}$］⊂［$\frac{8}{9}$，1］となります。陽と陰の区別はありませんが、八卦、六十四卦の成り立ちと同じように思えます。先にも触れましたが、四象以前の両義の時点でビックバンが起こり、⚌太陽 ⚍少陰 ⚎少陽 ⚏太陰四象が生じ、時間が生まれました。カントール集合は［0，1］から次の段階に時が始まり、それは無限にくり返さるということです。宇宙、森羅万象の創造のはじまりです。2^0、2^1、2^2、2^3、2^4、2^5、2^6、2^7、2^8……2^xと増えながら、細小に分かれていきます。カントール集合はカオスの中のフラクタル（自己相似性）現象です。太極の中に両儀があり、両儀の中に四象があり、四象の中に八卦があり、八卦の中に六十四卦があるというのも自己相似性と言えます。64卦画はすでに成立した時点でカオス理論のような近現代で研究されるような法則性が備わっていました。

私たちの世界を考えてみることにしましょう。宇宙が果てしなく広がり、そこに星々、数々の銀河系……、我々の住む太陽系があります。太陽系には惑星があり、そのなかの地球には生命体（生き物）がいて、なかでも人間にスポットを当ててみましょう。鉱物や元素しかなかった惑星に、何億年、何十億年かかけて、単細胞（生命の種）が生まれ、その種はまた長い年月をかけて分裂を獲得し、それは太極から陰と陽の分裂であり、カントール集合の0と1の分裂であるような気がします。カントール集合も、64卦画も2^0、2^1、2^2、2^3、2^4、2^5、2^6、2^7、2^8……2^xと無限に増えつづけます。どの時点で人間は人間になったのか、こうした見方をするとデカルトの生物は機械という説もあながち否定できません。

また人間は人間で、人間になるために、2^0、2^1、2^2、2^3、2^4、2^5、2^6、2^7、2^8……2^xの細胞分裂をくり返していきます。カントール集合に対して人間もフラクタルといえないでしょうか。各々の器官ができたところで分裂はとまり、つぎは器官の維持のために細胞（セル）は再生と死滅をくり返します。そこではカオス的な、あるいはライフゲーム的なｏｎとｏｆｆの明滅がくり返されます。人間のエントロピーが低いままで保たれるのも、この中にカオスの法則が働いているからではないでしょうか。ロールパイこね変換の二倍が三六〇度を越えると、三六〇度引き戻す操作は、不規則できまった周期をもたないカオスを表わしていましたが、体内でもそうしたカオスの法則が生命維持の役割を果たしているような気がします。いうなればカオスの中で宇宙、生命は均衡を保たれ、易でいう変易、不易、易簡の法則が働いているのです。

さて、地球上に人間は住みつき、人間には男と女があり、結合し人間の数をふやし、村を形成し町に拡大し市になり國（国の旧字には戦争の意味があります）になり、國までの発展のなかで、言語、人種、宗教、法律、文化、医学、科学……、あらゆるものが人間の価値観で裁断され、摂取され、排除され、現在地上には１９６の国々が存在します。人間という百骸九竅（ひゃくがいきゅうきょう）の形骸をもった生物が作り出す世界は、文化のうえでは違ったように見えるかもしれませんが、よくよく見ればさして変わりありません。インターネットで世界がつながっている現在、なおさら違いは薄められています。マトリョーシカ人形の、人形のなかに小さな人形があり、さらにまた……小さな人形が、これもフラクタル現象です。人間の世の中も同様のことがいえます。これもまたカオスの中の法則です。

参考文献

◆易関連

『易経講話』（公田連太郎著・明徳出版社　昭和三十三年）
『易経講座　上・下』（本田済著・斯文会　二〇〇七年）
『易』（本田済著・朝日新聞社　一九九七年）
『王弼の易注』（塘　耕次著・明徳出版社　二〇一八年）
『易経　上・下』（高田真治、後藤基巳著・岩波書店　二〇一三年）
『易学入門』（安岡正篤著・明徳出版社　昭和三十五年）
『易経講座』（安岡正篤著・致知出版社　二〇〇八年）
『易と人生哲学』（安岡正篤著・致知出版社　一九八八年）
『周易講義』（根本通明著・萩原星文館書店　昭和四年）
『漢籍國字解全書　第三・四巻』（早稲田大学出版部　明治四十三年）
『漢易研究』（鈴木由次郎著・明徳出版社　昭和三十八年）
『中国上代　陰陽五行思想の研究』（小林信明著・大日本雄弁会講談社　昭和二十六年）
『易経』（三浦國雄・角川書店　一九八八年）
『易と中庸の研究』（武内義雄著・岩波書店　昭和十八年）

『易学概観』（兼坂晋著・博文館　昭和八年）
『老子と易経との比較研究』（山縣初男著・大阪屋號書店　昭和二年）
『易経集注』（松永昌易著・野田庄右衛門開版　寛文四年）
『周易』（鈴木由次郎著・弘文堂　昭和三十八年）
『周易』（高森良人著・金の星社　昭和四年）
『易哲学』（藤村與六著・友松堂　昭和十八年）
『易の話』（金谷治著・講談社　二〇一四年）
『易の世界』（加地伸行編　中央公論社　一九九四年）
『易経』（丸山松幸著・徳間書店　昭和四十八年）
『支那上代思想史研究』（出石誠彦著・藤井書店　昭和十八年）
『易学日本義』（長岡理泉著・日本神鏡学院　昭和十三年）
『天文暦法と陰陽五行説』（飯島忠夫著・恒星社　昭和十四年）
『支那古代史と天文暦法』（飯島忠夫著・恒星社　昭和十四年）
『易学小筌』（新井白蛾著・三省堂　宝暦四年）
『易と人生』（鈴木由次郎著・明徳出版社　昭和四十七年）
『易のはなし』（高田淳著・岩波書店　一九八八年）
『易と呪術』（服部龍太郎著・新人物往来社　昭和四十七年）
『易経入門』（氷見野良三著・文藝春秋　二〇一一年）

参考文献

『易学の研究』（上野清著・歴史図書社　昭和五十五年）
『易学―成立と展開―』（本田済著・平楽寺書店　一九六七年）
『易経の謎』（今泉久雄著・光文社　昭和六十二年）
『易のニューサイエンス』（蔡恒息著　中村璋八、武田時昌訳・東方書店　一九九二年）
『易学大講座』（加藤大岳著・紀元書房　昭和六十一年）
『易入門』（黄小蛾著・サンマーク出版　二〇〇四年）
『易学百科全書』（高島易断本部編纂　昭和四十三年）
『易学実占講座　上・下』（東洋易学研究所編　昭和四十四年）
『東洋占術の本』（発行人　小池徹郎・学習研究社　二〇〇三年）
『占』（編者　佐藤愛子・作品社　一九八九年）
『扇』（吉野裕子著・人文書院　一九七〇年）
『易と日本の祭祀』（吉野裕子著・人文書院　一九八八年）
『カミナリさまはなぜヘソをねらうのか』（吉野裕子著・サンマーク出版　二〇〇〇年）
『日本人の死生観』（吉野裕子著・河出書房新社　二〇一五年）
『無双原理・易』（桜沢如一著・サンマーク出版　二〇〇五年）
『「易」心理学入門』（定方昭夫著・柏樹社　一九九九年）
『ユングと共時性』（イラ・プロゴフ著　河合隼雄・河合幹雄訳　創元社　一九九六年）
『黄金の華の秘密』（C・G・ユング　R・ヴィルヘルム著　湯浅泰雄・定方昭夫訳・人文書院　一九八〇年）

『I CHING or book of changes』（R・ヴィルヘルム著　キャリー・F・バインズ訳　一九六七年）
『易占と日本文学』（山本唯一著・清水弘文堂　昭和五十一年）
『古事記の暗号』（藤村由加著・新潮社　一九九八年）
『現代のエスプリ　易』（編者　竹内照夫・至文堂　昭和四十四年）
『周易参同契』（鈴木由次郎著・明徳出版社　昭和五十二年）
『太玄経』（鈴木由次郎著・明徳出版社　昭和四十七年）
『呻吟語』（公田連太郎著・明徳出版社　昭和三十一年）
『中国古代史』（水野清一編集　人物往来社　昭和四十一年）
『中国思想史』（小島祐馬著・ｋｋベストセラーズ　二〇一七年）
『四書五経』（竹内照夫著・平凡社　昭和四十年）
『古代中国を発掘する』（樋口隆康著・新潮社　昭和五十年）
『暦と迷信』（鈴木敬信著・恒星社　昭和十四年）
『暦法及時法』（平山清次著・恒星社　昭和十八年）
『迷信の話』（沖野岩三郎著・恒星社厚生閣　昭和二十六年）
『至道無難禅師集』（公田連太郎著・春秋社　昭和三十三年）
『陰陽道の発見』（山下克明著・日本放送出版協会〔ＮＨＫ出版〕二〇一〇年）
『王陽明研究』（安岡正篤著・明徳出版社　昭和六十一年）
『経世瑣言』（安岡正篤著・致知出版社　平成六年）

『荘子内篇講話』（公田連太郎著・明徳出版社　昭和三十五年）

◆物理学その他文献

『物理読本1〜4』（戸田盛和著・岩波書店　一九九七〜一九九九年）
『カオス　混沌のなかの法則』（戸田盛和著・岩波書店　一九九二年）
『カオスとフラクタル』（山口昌哉著・筑摩書房　二〇一〇年）
『ライフゲイムの宇宙』（ウィリアム・パウンドストーン著　有澤誠訳・日本評論社　二〇一三年）
『ホーキング、宇宙を語る』（スティーブ・W・ホーキング著　林一訳・早川書房　一九八九年）
『ホーキング、宇宙のすべてを語る』（スティーブ・W・ホーキング著　佐藤勝彦訳・ランダムハウス講談社　一九八九年）
『相対性理論を楽しむ本』（佐藤勝彦監修・PHP研究所　二〇〇七年）
『アインシュタイン十六歳の夢』（戸田盛和著・岩波書店　二〇〇五年）
『宇宙における時間と空間』（P・C・Wデイヴィス著　戸田盛和、田中裕訳・岩波書店　一九八〇年）
『生命とは何か』（E・シュレーディンガー著　岡小天、鎮目恭夫訳・岩波書店　一九七九年）
『生命の起源』（オパーリン著・訳者　東大ソ医研　岩﨑書店　一九五五年）
『人体解剖図』（草間悟監修・金園社　昭和四十六年）
『東洋医学概説』（長濱善夫著・創元社　昭和四十六年）
『図解よくわかる東洋医学』（平間直樹、瀬尾港二、稲田恵子監修・池田書店　二〇〇五年）
『字統』（白川静著・平凡社　一九八五年）
『漢字語源辞典』（藤堂明保著・学燈社　昭和五十一年）

あとがき

私のこの著作は、私の作品というよりも易の生命力の強さと、故戸田盛和氏の物理学の出会いから生まれた二者の共著のようにおもいます。私はその二者を仲介した一表現媒体にしか過ぎません。おもえば私は漢籍も物理学も学生のころから余り得意な方ではありませんでした。どちらかといえば西欧よりの詩歌を愛好し自らも嗜(たしな)んできました。私が四十才を過ぎたころ、自己表現の確立とともに、アイデンティティの確立を感じる瞬間がありました。その時に味わった開放感と、次になにをはじめようかとおもったことを思い出します。次にはじめたのが、己(おのれ)(日本人)のこころとことばの起源はどこからきたのかという追究でした。その時に出会った書物の一つが『経世瑣言』(安岡正篤著)でした。大いに感銘を受けた私は安岡氏の他の著作を読むにあたり、『易学入門』に出会いそこから易の世界に足を踏み入れました。

日本人と易との関わりは深く、日本最古の書物『古事記』や十七条憲法などにもその影響が見られるという説もあり、日本人と易の関係はさらに遡らなければならないような気がします。本著には取り上げていませんが、五行思想や方位、暦、東洋医学など、あらゆるものに易の哲理は融合されており、日本の暦(旧暦)などはその典型です。生活そのものの中に易は溶け込んでいたのです。新暦(明治六年、１８７３～)になりましたが、いまも我々の生活の中には旧暦の流れが生き続けています。稲作や畑や、漁猟にしても旧暦に合わせて行われるのが自然のながれです。

本著を書きはじめるに当たって、自分なりに文献を読んでいざ書こうとしましたが書けず、さらに月日を費やしました。「はじめに」を書いて、これから数年ぐらいは著作に掛かるだろうと予想していましたが、自分でも以外に早く仕上がったので驚いています。しかしその過程で第一章三節まで書いた時点で筆が止まってしまいました。卦画の成り立ちについて疑問を感じたからです。一爻ずつ重なり、八卦になり、やがて六十四卦になったものか、それとも卦画そのものがさいしょから存在していたのか。そうした推論は素人の私には到底立ち入れない領域にもおもいました。

その時図らずも第一章三節までお読みいただいたあるお方より、「全体を俯瞰しながら筆をすすめなさい」とのご助言とご丁寧な励ましのお手紙とを拝受し、私は第三章、第二章と書き得る章から着手することにしました。彼の人のご助言がなければ、とうてい完成まで至らなかったと、感謝の意を新たにする思いです。私見にすぎませんが、私は卦画そのものがさいしょに存在していたようにおもいます。八卦までの成り立ちは、その後卦画の解明の過程のようにおもいます。それは第三章、第二章を先に進めたからの気付きで、あくまで私見の限りですが。皆様はどうおもわれたでしょうか。

易経は成立の当初より崇高な書物でした。東洋のバイブルという人もいます。その解釈をめぐって多くの先人たちが労苦を惜しみませんでした。四書五経の筆頭として儒教の拠り所となり、老荘思想や仏教さえも含有する裾野の広さを秘めています。易はむかし五十以上にならないと学んではいけない、それを破ると死ぬという迷信がありました。逆にいえば易は処世の書であり実践の書だということで、五十まで人生の辛苦を味わなければ、とうてい理解できないということです。奇しくもこの本の完成が私の五十の誕生日に当たりました。死なかった自分の生を幸運におもい、本著もまた易の生命力の新しい一つのセルとして貢献できればと期待しています。セルはやがて増殖と死滅を繰り返し、ライフゲームのように…、私は本著にしおりを挟んで、次のページに進んでいこうとおもいます。
読者の皆様に感謝するとともに、私が著述のために読んだ参考文献の各々著者、ならびに出版社の方々のご尽力に謝意を表明し、ここに筆を擱きます。

あとがきに添えて

右記の「あとがき」をもって拙著は仕上がりましたが、果たしてどう出版してよいものやらその後途方にくれてしまいました。明徳出版社の刊行書からの出典も多く、出版に際してご助言を頂けないものかと意を決し同社にお手紙を出させて頂きました。すると原稿を送ってくださいとのご返事を頂き、幸いにもこの度出版の運びに相成りました。さいしょから懇切なご対応、ご指導をたまわった明徳出版社　佐久間保行氏には感謝の念に堪えません。また拙著の出版に際して様々なご配慮を頂いた同社の皆様に心より感謝する所存であります。

令和元年五月一日

著　者

都志　博之（つし ひろゆき）

昭和43年生まれ
岡山朝日高校卒業
大阪教育大学小学校課程第二部中退

易学のしおり

令和元年六月二十五日　初版印刷
令和元年六月三十日　初版発行

著者　都志博之
発行者　佐久間保行
印刷所　㈱興学社
発行所　㈱明徳出版社

〒167-0052　東京都杉並区南荻窪一-二五-三
電話　〇三-三三三三-六二四七
振替　〇〇一九〇-七-五八六三四

 ISBN978-4-89619-848-5

朝日文化賞受賞　公田連太郎

易經講話　全五巻

A五上製三〇二三頁　六〇、〇〇〇円

本書は世上の難解な易学書でも、興味本位な易占書でもない。著者が八十余年の学問と経験を基に、晩年財界人や文化人を相手に易経の全篇を懇切平易に講述した名著を新字・新かなに改めた新版。

安岡正篤

易學入門

A五上製二六〇頁　三、五〇〇円

易経はなかなか達し難く理解しにくい古典であるが、本書は現代最新の科学と、東西の思想哲学に基づき、易の成立と根本概念を解説し、六十四掛三百八十四爻の全文を意訳しつつ、易学の全貌を解明する。

塘耕次

王弼の易注

A五函入五七八頁二冊揃　六、〇〇〇円

王弼の「易注」はそれまでの易経解釈を一変させた画期的な注釈書で、易研究の必読書。本書は、その64卦全爻についての注を初めて現代訳、解説し、「周易略例」の訳文も附載。原文も別冊で併収。

本田済〈発行　斯文会〉

易経講座　上　下

上A五函入二冊揃一一五六頁　九、五〇〇円
下A五函入三冊揃一〇六八頁　一三、〇〇〇円

北宋・程伊川が心血を注いで成った「程氏易伝」は、易経解釈の最高峰。本書は易学研究の第一人者が、政財界の有志に講義した記録で、我が国初の全訳。上巻は乾～離まで、下巻は咸～未済までを収録。なお、別冊附録として四庫全書本「伊川易伝」原文（二五〇頁）を併収。